NIE
子ども家庭
支援論演習

松井圭三・今井慶宗 編著

ふくろう出版

はしがき

日本新聞協会においてNIE（教育に新聞を）活動の意義として「読解力」「課題発見・解決力」「情報活用能力」「批判的思考力」等の向上が論じられています。これまで、私たちは新聞記事を題材に設問・解説を盛り込んだ社会福祉等に関するワークブックを複数の教員で作成してきました。それぞれのワークブックを作成した後に、それを教材として活用し、さらにアンケート調査を学生に実施し、日本NIE学会等で報告をして参りました。どのアンケート調査でも、学生にとっては、学びやすく、社会福祉・子ども家庭支援論等を学ぶ上で「役に立った」という回答がほとんどでした。

私（松井）自身も中学・高校で新聞配達をした経験があり、中一から新聞を読む習慣が定着し、社会や国語の教科の成績が向上しました。その後、大学・大学院においても新聞を読むことにより社会福祉の知識を蓄積でき、今に至っています。

本書はNIEワークブックとして作成したものでは8冊目を数えます。これまでの社会福祉等に関するNIE教育の集大成として作成されたものです。これでこのワークブックのシリーズの作成は終わりますが、本書によってみなさんが「子ども家庭支援論」の学びのおもしろさを会得していただけましたら望外の喜びです。

最後になりましたが、ふくろう出版の亀山裕幸氏には何かとお世話になりました。紙面を借りて感謝申し上げます。

2024（令和6）年8月25日

編著者　松井　圭三
今井　慶宗

このワークブックの利用方法（使い方）

このワークブックは概ね　①新聞記事　②言葉を調べてみましょう　③記事を読んでの感想を書いてみましょう　④解説　という構成になっています。

皆さんが教室で先生から指導を受けながら学ばれることもあるでしょう。自学自習される方もあるかもしれません。使い方はもちろん自由です。

ここでは、次のような利用方法で学習されると取り組みやすいのではないかと私たち編著者が考えたものをお示しします。ぜひ参考にしてみて下さい。

1　新聞記事をよく読みましょう。難しい言葉・知らない単語はそこに線を引っ張っておくとよいでしょう。新聞記事の読み方にも慣れましょう。

2　設問に沿って、言葉を調べたり、考えてみましょう。調べたり、考えたりする言葉等はいくつかあります。教科書や辞典・インターネットでも調べましょう。言葉同士の関連性にも注意しましょう。

3　記事を読んでの感想を書きましょう。記事を読んでの素直な気持ち、自分ならばどう取り組むか、考えたことなどを自由に書きましょう。

4　解説では、新聞記事の内容や関連することについてそれぞれの分野の専門の先生が分かりやすく説明しています。よく読んで理解しましょう。自分で調べてよく分からなかった言葉等は、ここで学んで書き足しましょう。

どの章から始めても構いません。知っている分野があれば取り組みやすいでしょう。自分が気になる記事があればぜひそこから読んでみて下さい。手も動かしてしっかり書き込みましょう。

目　次

第1章　NIEと子ども家庭支援

記　事

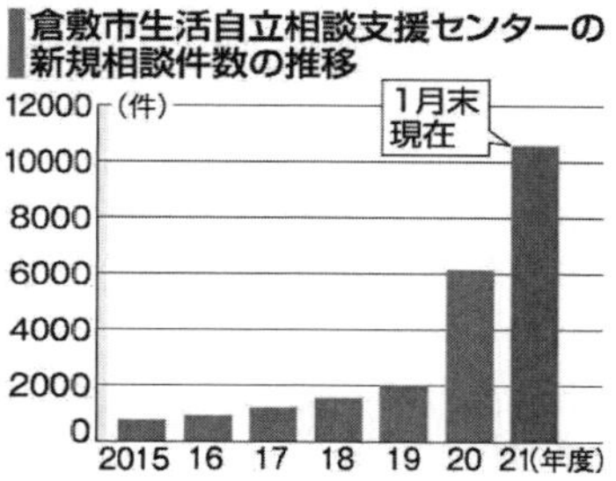

長引く新型コロナウイルス禍に伴い、生活困窮者の就労などをサポートする「倉敷市生活自立相談支援センター」（同市阿知）への相談が急増している。2021年度は1月末で前年度を上回り、コロナ前の19年度比でおよそ5倍の高い水準。経済活動の縮小が続き、「普通に暮らしていた家庭が追い込まれている状況」（同センター）という。感染予防策として講じられる社会制限の長期化による〝ひずみ〟が深刻になっている。

（太田知二）

倉敷市生活自立相談支援センター

相談数 コロナ前の5倍

長期化で〝ひずみ〟深刻

雇い止め、返済困難

飲食店の時短営業や出勤者削減などが要請される「まん延防止等重点措置」が倉敷市を含む全県に発令されていた2月下旬の平日。午前9時からセンターの電話は次々と鳴り、来訪者相談用の3部屋もすぐに埋まった。

「体調はどんな？」「よく眠れている？」…。電話口で様子を気遣う支援員の声が聞こえてきた。相談者はコロナ禍で離職を繰り返し、精神的に不安定な状態という。別の電話では、経済的に困窮している家庭の生徒を案じた学校から助言を求める依頼があり、その日のうちに学校で話し合う措置を取った。

支援員1人が担当する対象者は120～150人。予定を書き込むホワイトボードは分刻みで埋まっている。

「ここを乗り切れば、と思い続けて時が過ぎた。状況は改善に向かうどころか、むしろ悪化している」。池田朋宏センター長(45)は実感を込める。

精神的苦痛

コロナ患者が国内で初めて確認されたのは20年1月。岡山県には同4月に初の緊急事態宣言が発令され、まん延防止等重点措置も繰り返されてきた。県独自の対策も含め、経済や教育活動に何らかの制限が掛かる期間はこの2年の大半に及ぶ。

19年度に1997件だった新規相談数は、20年度には6132件と大幅に増加。21年度はさらに増え、1月末現在で1万597件と、19年度と比べ5倍超に膨れ上がった。

経済活動の停滞により、派遣社員やパートら非正規労働者の受け皿だったサービス業などで雇用情勢が悪化。2年間で3、4回雇い止めに遭った相談者も珍しくなく、「これ以上頑張れない」「死にたい」など、精神面の苦痛を訴えるケースも多い。飲食、建築業など自営業者も、事業資金の返済が滞る事例が目立つ。

共働き家庭も

コロナ禍の長期化は、もともと経済基盤の弱い非正規労働者やひとり親家庭に加え、30～50代の働き盛りでこれまで困窮状態になかった世帯にも影響を及ぼしている。年明けの流行第6波では、共働きの両親とも収入が減り「持ち家のローンが払えない」「子どもの進学を諦める」などの相談が寄せられるようになった。就労支援に力を注ぐが、希望が多い正社員の求人は狭き門で、マッチングが厳しい状況が続く。

「生活の立て直しは時間が掛かる。国は職業訓練制度の充実など、中長期的視点からも対策を進めてほしい」。池田センター長は指摘し、こう訴えた。「経済や教育が止まる負の側面は本当に深刻。感染予防だけでなく、社会を元に戻すための議論を急ぐべきだ」

生活困窮者からの相談が急増している倉敷市生活自立相談支援センターの事務所

ズーム　倉敷市生活自立相談支援センター　生活保護に至る前のセーフティーネットとして市が2014年10月に開設した。委託を受けた社会福祉法人めやす箱（同市青江）が運営する。就労や住居の確保、子どもの学習、家計、借金など生活全般の相談に応じ、一人一人に支援計画を作りケアを行う。社会福祉士や精神保健福祉士などの資格を持つスタッフら9人が従事する。

〈山陽新聞朝刊 2022年3月23日〉

1．考えてみましょう。

1）新型コロナウイルス禍で、倉敷市の支援センターに生活困窮者からの相談が急増している状況を取り上げた記事です。200字程度に要約してみましょう。

2）センター長は、コロナ禍に際し「感染予防だけでなく、社会を元に戻すための議論を急ぐべきだ」と訴えています。この言葉を聞いてどのように感じますか。理由とともに書いてみましょう。

3）感染症流行のような非常時に、生活に苦しんでいる人への支援策として何が考えられますか。

4）新型コロナであなたが最も影響を受けたと思う領域は何ですか。次に挙げる４点から１つを選び、事例を調べてみましょう。

①福祉　②経済・雇用　③医療　④子育て・教育

2. 解　　説

1）有事における新聞

中国・武漢に端を発した新型コロナウイルス感染症のパンデミックは、皆さんの記憶にも新しいと思います。学校の一斉休校や給食の「黙食」、部活動停止など、日常が失われ不安を抱えた人も多かったかもしれません。

国内では2020（令和2）年1月に初めて患者を確認しました。感染拡大を防ぐため、外出自粛を呼びかける「緊急事態宣言」の発出や検査、ワクチン接種など、政府、自治体ともにさまざまな対策を講じてきました。

新型コロナに対する公費支援が終わり、通常の医療体制に戻ったのが2024（令和6）年4月。およそ4年余り、報道の現場も関連の取材に追われました。

感染症や災害など有事の際は、法律と制度の整備が追いつかず、社会にひずみが生じるケースが多々あります。こうした動きをとらえ、世の中に問うことも新聞の大切な役割と言っていいでしょう。

2）多面的視点

この記事は、私が倉敷市を担当していた際に書いたものです。1つの問題意識を持ち執筆しました。それは物事を考える際の「多面的視点」になります。

当時の報道は、感染者数や国、自治体の対策、医療機関の危機など「公」の動きが多く、暮らしへの影響を取り上げた記事は少ないと感じていました。社会制限がもたらすひずみの象徴として、センターを描写しています。解釈は自由ですが、読み解くヒントとなる設問を用意しました。

3）効率よく読むこつ

1日の新聞の文字数は新書1冊分とも言われており、正直なところ記者も毎日全て読んでいるわけではありません。効率よく読むこつも紹介します。

新聞記事は、読者に伝えたい重要なことを最初に書いてあるのが特徴です。最も大切と考える要素を第一段落に盛り込み、それ以降は分かりやすく伝わるように構成します。長文に慣れていない人も、最初の段落を読めばおおよその内容はつかめます。

この記事の場合、第一段落のポイントは、生活困窮者の就労をサポートするセンターへの相談が増えている▽普通に暮らしていた家庭が追い込まれている▽社会制限の長期化によるひずみが深刻になっている－の3点です。その後の文章は、これらの要素を補足する形になっています。

4）事実で裏付ける

センター長が最も伝えたかったのは、問題にも取り上げた最後の言葉です。

「感染予防だけでなく、社会を元に戻すための議論を急ぐべきだ」

これだけ読むと、医療機関の環境を考えない暴論に聞こえてしまうかもしれません。言葉を発せざるを得ない事情の裏付けとして、現場の様子を描写しています。形容語はなるべく少なく、事実を積み重ねることで読者に判断材料を提供できるよう心がけています。

5）当時の対応は

必要な支援策を考える参考に、新型コロナに対する国の対応を調べてみましょう。

主なものを挙げると、生活支援としては、住民1人に一律10万円の現金を配る「特別定額給付金」を実施。国が困窮支援の柱と位置付ける生活福祉資金に関しても、上限金額や収入要件など条件を緩和しました。

このほか、企業向けでは雇用調整助成金の特例措置拡大などの対策が講じられました。経済対策への財政支出は2020（令和2）年4月に48兆円、12月が40兆円となっています。

大規模な公費投入が、生活のセーフティーネットとしての効果や雇用維持につながったという見方もあります。その一方で、センターの状況から支援の枠外にある層が一定数いたことが分かります。民間も含めたサポート体制はどうあるべきか。支援が届きにくい理由は－。多くの考える種がありそうです。

6）複眼で見る

記者が課題を掘り下げる際には、人の話や資料など可能な限りの情報を集めます。的確で深みのある表現をするには、さまざまな角度から物事を考える必要があるからです。

コロナでも年代や立場で受けた影響は異なったと思います。ここでは、事例として子どもを取り巻く問題に触れておきます。

コロナ禍の4年間、数字に現れているのは自殺者の増加です。厚生労働省のまとめでは、2022（令和4）年の1年間に自ら命を絶った小中高生は514人で、統計が残る1980（昭和55）年以降で最多となりました。自殺の本当の理由を知るのは難しいとはいえ、コロナの影響は検証が必要でしょう。

心の面へのアプローチでも、興味深い調査があります。

国立成育医療研究センター（東京）は、コロナ禍の影響で、子どもの13％に2022（令和4）年10月時点で抑うつ傾向が見られたとする調査結果を発表しています。同センターが小中高生を対象に2020年に行ったアンケートでは、「大人に伝えたいこと」として率直な声が寄せられています＝表参照。

国立成育医療研究センターのアンケートで「大人に伝えたいこと」として寄せられた声の一部
・大人の価値観をこどもに押し付けないでほしい ・休校から始まり勝手に色々なことに巻き込まれてきている ・お金中心ではなく現場中心に考えてほしい ・大人だけで色々議論しないでこどもの気持ちも聞いてください ・ニュース見てると、大人は夜友達とご飯食べに行ったりしてるみたいなのに、どうしてこどもだけダメダメと中止ばかりになるんだろう？ ・いつもパソコンの前にいるから寂しくなるのはどう直せばいいですか ・大人が思っている以上に部活と学校行事はこどもにとってとても大事なものです。大人もこどもだったはずなので忘れないでほしいです

目の前の出来事とさまざまな情報を融合させ、考えられる最適解を示す。記者のみならず、仕事に共通する基本かもしれません。

参考文献

一般財団法人アジア・パシフィック・イニシアティブ（2020）新型コロナ対応・民間臨時調査会調査・検証報告書、ディスカヴァー・トゥエンティワン、pp.164-179

国立成育医療研究センター（2020）コロナ×こどもアンケート第2回調査報告書、コロナ×こどもアンケートその2「大人たちに伝えたいこと」

山陽新聞記事（2020年4月21日、12月13日、2021年5月5日、8月18日、10月17日、11月12日、11月19日、11月20日、2023年4月5日、4月8日、5月2日、6月5日、2024年3月24日）

（太田　知二）

第2章　家族の意義と機能

記　事

個人の尊重と法の下の平等をうたう日本国憲法は3日、施行から77年となった。家族や夫婦の在り方は多様化し、同性婚を認めない現行法の規定は違憲とした訴訟が各地で起き、世界で日本だけが義務付ける夫婦同姓に経済界も強く異を唱える。制度の変更を求める声は高まる一方だが、国会の議論は進んでいない。「なぜこんなに待たせるのか」。変わらない政治に反発が強まっている。（1面関連）

改憲議論平行線

変わる家族像　変わらぬ政治

「なぜ」強まる反発

同性婚で初判断

「結婚の自由をすべての人に」。4月下旬、LGBTQなど性的少数者や支援者による「東京レインボープライド2024」が東京都内で開かれた。パレードには虹色の旗を手にした約1万5千人（主催者発表）が参加。同性パートナーと共に行進した四国地方からの参加者（46）は「社会は確実に変わっているが国は変わらない。一刻も早く同性婚を認めるべく動いて」と訴えた。

全国5地裁で起こされた同性婚訴訟のうち、初の控訴審判決が3月、札幌高裁で言い渡された。

「婚姻は両性の合意のみに基づいて成立する」と「婚姻の自由」を定めた憲法24条1項について、高裁は同性間の婚姻も異性間と同様に保障しているとの初判断を示し、関連規定は違憲とした。

日本は先進7カ国（G7）で唯一、同性婚や国レベルのパートナーシップ制度を導入しておらず、岸田文雄首相も否定的な考えだ。昨年2月の衆院予算委員会で、その理由を「家族観や価値観、社会が変わってしまう課題だ」と答弁。札幌高裁の違憲判決後も、同種訴訟が継続しているなどとして「引き続き判断を注視したい」と述べた。

不安は尽きず

共同通信社が今月1日にまとめた憲法に関する世論調査では、同性婚を認める方がよいと答えた人は73%、選択的夫婦別姓に賛成するとの回答も76%に上った。

夫婦別姓を認めない法規定は、個人の尊重などを定める憲法に違反するとして3月、男女12人が別姓で婚姻できる地位の確認などを求めて東京、札幌両地裁に提訴した。

「慣れ親しんだ名前を変えるのも、相手に強制するのも嫌だった」

都内の黒川とう子さん（51）＝仮名＝は17年間、事実婚関係にある根津充さん（50）＝同＝と原告に名を連ねた。

姓を変えることを考えると、喪失感に襲われた。急に手術を受けることになったら、相手は同意書にサインできるのか、遺産相続はどうなるのか…。不安は尽きず「ずっと薄氷の上を歩いているような感覚」と語る。

四半世紀棚上げ

法相の諮問機関の法制審議会は1996年、選択的夫婦別姓制度を盛り込んだ民法改正要綱案を答申したが、保守系議員の反対などで法案は提出されず、四半世紀以上も棚上げされたままだ。

政府は旧姓の通称使用拡大を進めるが、ビジネス現場で海外渡航の手続きに支障が出るなど、「キャリアの分断や不利益が生じている」と指摘する声が上がる。今年3月、企業経営者らが選択的夫婦別姓の導入を求める要望書を政府に提出し、経団連や経済同友会の担当者も同行した。

立命館大の二宮周平名誉教授（家族法）は、同性婚や夫婦別姓を求める人々が不安や喪失感にさいなまれず、安心して暮らすために「婚姻を認める必要があり、幸福追求権として保障されるべきだ」と指摘する。「社会の変化を踏まえない固定的な考え方は妥当性を欠く。国は家族の多様化を受け止めて議論を進めてほしい」と注文した。

〈山陽新聞朝刊2024年5月4日〉

1．調べてみましょう。

1）現代社会における家族の現状について調べてみましょう。

2）家族の意義について調べてみましょう。

3）家族の機能について調べてみましょう。

4）この記事を読んだ感想をまとめてみましょう。

2. 解　　説

1）現代社会における家族の姿

「男女共同参画白書 令和4年版」[1] では、1980（昭和55）年時点、2015（平成27）年時点、2020（令和2）年時点の家族の姿が示されています（図2－1）。1980（昭和55）年時点では、第1位が「夫婦と子供」世帯、第2位が「3世代等」世帯、第3位が「単独」世帯でした。2015（平成27）年・2020（令和2）年時点共に、第1位が「単独」世帯、第2位が「夫婦と子供」世帯、第3位が「夫婦のみ」世帯でした。1980（昭和55）年時点では第2位であった「3世代等」世帯が2020（令和2）年では第5位、第5位であった「ひとり親と子供」世帯が第4位になっていました。

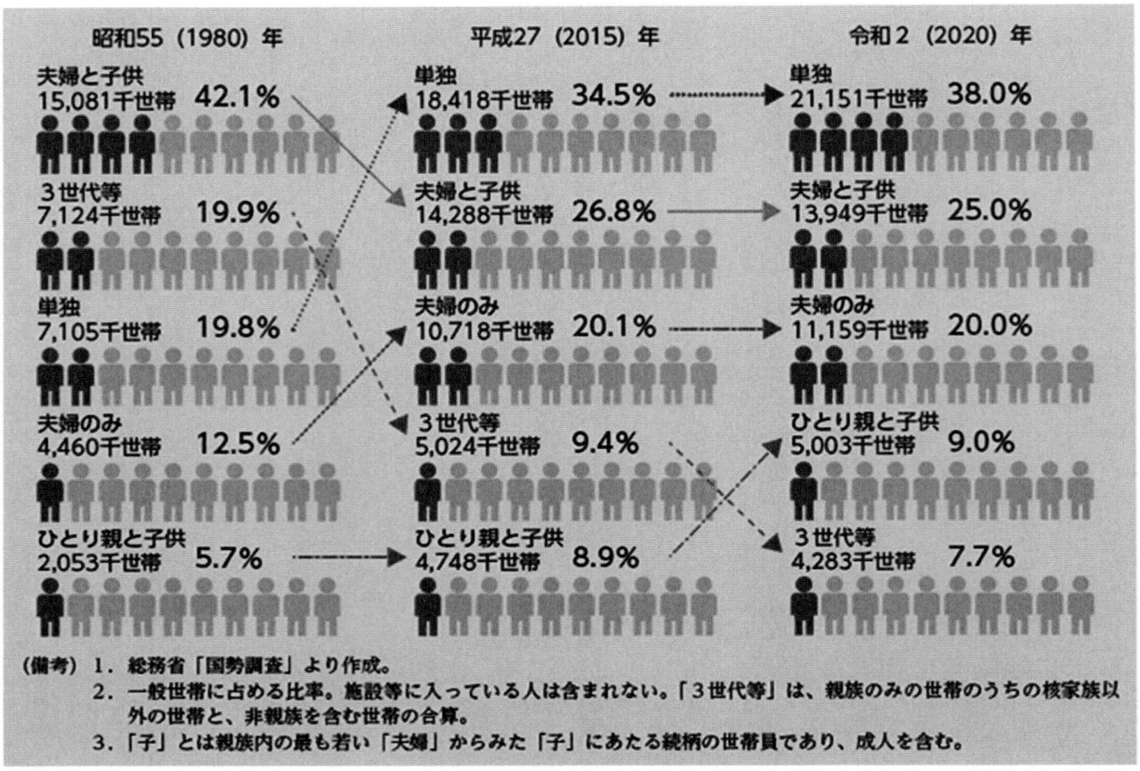

図2－1　家族の姿の変化

〔出所：内閣府男女共同参画局（2022）令和3年度男女共同参画社会の形成の状況　第1節家族の姿の変化・人生の多様化、男女共同参画白書　令和4年版、p.13
https://www.gender.go.jp/about_danjo/whitepaper/r04/zentai/html/zuhyo/zuhyo00-05.html（閲覧日：2024年5月11日）〕

2）家族の意義とは

奥田太郎[2] は、家族の成立要件を①主知主義的条件（血縁性）、②主意主義的条件（契約性）、③社会的条件（承認性）があることと述べています（以下、内容を要約して示します。）。

①は、本人の思いに関係なく事実があるので家族だとみなされることです。②は、自らの意志で子どもの親であると認めることなどで家族だとみなされることです。③は、財の分配・次世代育成・生

産・消費に関わる側面などからの社会的要請に応じて、社会的に承認されることによって家族だとみなされることです。同性パートナーとの関係も、自らの意志や社会的に承認されることによって、家族ととらえられることになるといえます。

3）家族の機能

松井圭三[3]は、「社会を構成する人を新たに再生産すること」が家族の機能と述べています。よって、家族の機能[4]とは、世帯の生活維持、育児・教育や介護等の維持であるといえます。維持が難しい時、出産・子育て・介護・児童手当・児童扶養手当・家庭保育・保育所・育児休業・結婚・啓発活動などの支援が必要になります。2023（令和5）年4月に、「こども家庭庁」が設置されました。そこでは、子ども・若者の成長に関する施策の推進、地域の実情や課題に応じた少子化対策のため、地方公共団体の取り組みを支援することが位置付けられました。これらへの支援は、家族の機能の充実に重要なものといえます。

参考資料・文献

1）内閣府男女共同参画局（2022）1 令和3年度男女共同参画社会の形成の状況　第1節　家族の姿の変化・人生の多様化、男女共同参画白書　令和4年版、pp.12-13
https://www.gender.go.jp/about_danjo/whitepaper/r04/zentai/pdf/r04_print.pdf（閲覧日：2024年5月11日）
2）奥田太郎（2015）家族という概念を何が支えているのか―補完性の原理を経由して、社会と倫理、第30号、pp.97-98
3）松井圭三（2012）第1章　家族の意義と役割、松井圭三編、家庭支援論、大学教育出版、p.1
4）一般社団法人 平和政策研究所（2023）2030年を見据えた日本の国家目標と基本戦略、pp.25-26
https://ippjapan.org/seisaku_bank/wp-content/pdf/ippbank_soron.pdf（閲覧日：2024年5月11日）

（中　　典子）

第3章　家庭支援の必要性

記　事

高梁

紙おむつ持参不要に

市内の就学前施設全9ヵ所

高梁市は今月から、私立を含めた市内の就学前施設（保育園、こども園、認可外保育施設）で０～２歳児が使う紙おむつの支給を始めた。毎日持参していた保護者と、管理に追われていた保育士双方の負担軽減につなげる狙い。県内15市では初の取り組み。（岡崎創史）

対象は全9施設合わせて約２００人。年齢に応じて1日2～5枚を施設を通じて無償で提供する。使い終わった後の廃棄も施設で行う。これまで保護者はおむつに名前を書いて持って行き、保育士らは取り違えないよう個別に保管し、残り枚数を確認しながら保護者に追加を連絡する必要があった。

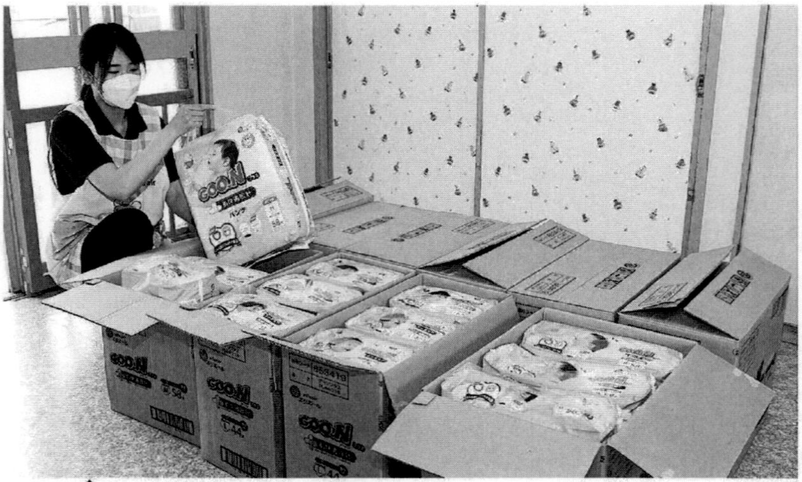

子育て支援や保育士の負担軽減を狙いに、市が支給を始めた紙おむつ＝高梁保育園

子育て支援で県内15市初　市支給、購入補助も

支給が始まった5日、高梁保育園（同市向町）に子どもを通わせる看護師霜山宏美さん(34)＝同市南町＝は「値上がりしているだけに経済的にも助かる。登園時の準備が楽になる分、子どもと向き合う時間が増える」と歓迎した。

市は昨年9月、子どもを産み育てやすい社会を目指す「ベビーファースト宣言」を県内市町村で初めて行っており、おむつ支給も支援策の一環。施設を利用していない子どもの家庭にも購入費を補助する制度を設けた。２０２３年度の事業費は６５０万円。

保育園での使用済み紙おむつを巡っては、保護者による持ち帰りをやめて園で廃棄する自治体が全国で増えているが、高梁市立保育園では20年以上前から既に実施しているという。

〈山陽新聞朝刊 2023 年 6 月 17 日〉

1．調べてみましょう。

1）ベビーファースト宣言とは何か調べてみましょう。

2）「こども基本法」の概要について調べてみましょう。

3）保育所やこども園などの保育施設における保育士の支援について調べてみましょう。

4）この記事を読んだ感想をまとめてみましょう。

2. 解　　説

1）ベビーファースト

ベビーファーストとは、公益社団法人日本青年会議所が提唱している、子どもを産み育てたくなる社会を実現するために、企業・自治体・個人が妊産婦をはじめ、子育て世代が過ごしやすい環境を醸成することを目指す運動です。

行政のみならず企業をはじめ地域が一体となり、社会全体で妊産婦への支援や赤ちゃんを育んでいくことを目指している運動です。ベビーファーストな社会を実現するための取り組みについて、業種・業態に関係なく行える、その中で自分たちならできる、自分たちにしかできないアクションを行い、その輪が広がることで社会全体がベビーファーストな社会に変わっていくとされています。

（1）自治体によるアクション宣言の例

① 「子育て応援の店」の登録拡大及び利用促進
② 切れ目ない子育て家庭へのサポート
③ 仕事と子育ての両立をサポート
④ 子どもにやさしい地域環境づくり
⑤ 虐待など困難を抱える子どもへの支援
⑥ 妊娠・出産、子育ての支援
⑦ 子どもが豊かに育つことができる地域社会づくり
⑧ 男性の家事や子育てへの参画促進
⑨ 地域における子育て支援の充実
⑩ すべての子ども、子育てに関わる人が自分らしく暮らすことができる環境を推進します

（2）企業によるアクション宣言の例

① キッズスペースの確保
② 妊産婦優先駐車場の確保
③ 多目的トイレおむつ交換台の設置
④ ベビー連れでも楽しめる企画の立案・実施
⑤ 従業員の産休・育休取得推奨
⑥ ベビーカー優先通路の設置
⑦ 子育て世代向け独自クーポンの発行
⑧ 料理の提供前に調味料の確認を行います
⑨ 子ども用食器の常備
⑩ ミルク用のお湯の提供

公益社団法人日本青年会議所によると、ベビーファースト運動の実績については、2023（令和5）年3月現在162の企業が参画、124の自治体がベビーファースト運動を実施しているとされています。

2）こども基本法

晩婚化や晩産化の傾向は著しく、人口減少についても歯止めがかからない状況となっており少子化

の加速化傾向が鮮明となってきています。そのような状況のなか、子どもの貧困や児童虐待相談件数の増加、さらにコロナ禍も加わり子どもを取り巻く社会問題が一層深刻化しています。

子どもが自分らしく幸せに成長することができ、そして暮らせるように、社会全体で支えていくことがとても重要とされています。2023（令和5）年4月に、こども家庭庁が創設されるのと同時に施行された「こども基本法」は、子ども施策を社会全体で、総合的かつ強力に実施していくための基本となる事項を定めた法律です。

第1条は目的規定であり、「この法律は、日本国憲法及び児童の権利に関する条約の精神にのっとり、次代の社会を担う全てのこどもが、生涯にわたる人格形成の基礎を築き、自立した個人としてひとしく健やかに成長することができ、心身の状況、置かれている環境等にかかわらず、その権利の擁護が図られ、将来にわたって幸福な生活を送ることができる社会の実現を目指して、社会全体としてこども施策に取り組むことができるよう、こども施策に関し、基本理念を定め、国の責務等を明らかにし、及びこども施策の基本となる事項を定めるとともに、こども政策推進会議を設置すること等により、こども施策を総合的に推進することを目的とする」と定めています。

第2条第1項は定義規定であり、「この法律において「こども」とは、心身の発達の過程にある者をいう」と定めています。第2条第2項は「この法律において「こども施策」とは、次に掲げる施策その他のこどもに関する施策及びこれと一体的に講ずべき施策をいう」とし、同第1号は「新生児期、乳幼児期、学童期及び思春期の各段階を経て、おとなになるまでの心身の発達の過程を通じて切れ目なく行われるこどもの健やかな成長に対する支援」、同第2号は「子育てに伴う喜びを実感できる社会の実現に資するため、就労、結婚、妊娠、出産、育児等の各段階に応じて行われる支援」、同第3号は「家庭における養育環境その他のこどもの養育環境の整備」とそれぞれ定めています。

こども基本法の基本的施策の例として次のようなものがあります。

① 施策に対するこども・子育て当事者等の意見の反映
② 支援の総合的・一体的提供の体制整備
③ 関係者相互の有機的な連携の確保
④ この法律・児童の権利に関する条約の周知
⑤ こども大綱による施策の充実及び財政上の措置等

3）保育士による支援について

保育士の倫理綱領については、全国保育士会によって「全国保育士会倫理綱領」が策定されており、前文および8つの条文からなっています。8つの条文は、①子どもの最善の利益の尊重、②子どもの発達保障、③保護者との協力、④プライバシーの保護、⑤チームワークと自己評価、⑥利用者の代弁、⑦地域の子育て支援、⑧専門職としての責務、となっています。

保育士は、子どもを取り巻く家庭や地域の環境を踏まえ一人ひとりの子どもの最善の利益を第一に考え、保育を通してその福祉を積極的に増進することが求められています。また、子どもをめぐる家庭・家族の状況や子育てに対する保護者の考え方を把握し、子どもに対する保護者の願いや意向を受け止めながら、信頼関係を築いていくことが大切です。さらに、支援過程において、所属する職場や関係する他の専門職者や専門機関、地域の関係機関との連携を大切にしながら支援していくことが必要となります。

引用・参考文献

公益社団法人日本青年会議所「ベビーファースト」https://www.jaycee.or.jp/babyfirst/wp-content/uploads/2023/06/babyfirst_susume2.pdf（最終閲覧日　2024年5月2日）

会津若松市ホームページ https://www.city.aizuwakamatsu.fukushima.jp/docs/2022102000014/（最終閲覧日　2024年5月2日）

こども家庭庁「こども基本法」https://www.cfa.go.jp/policies/kodomo-kihon（最終閲覧日　2024年5月5日）

こども家庭庁「こども基本法説明資料」https://www.cfa.go.jp/assets/contents/node/basic_page/field_ref_resources/28da5c2b-7cea-40a3-859e-6ed1e6c093bf/9fbb7955/20230421_councils_shingikai_1st_11.pdf（最終閲覧日　2024年5月5日）

全国保育士会「全国保育士会倫理綱領学習シート（解答編）～倫理綱領をより理解するために～」https://www.z-hoikushikai.com/about/siryobox/document/sheet_kaitou.pdf（最終閲覧日　2024年5月5日）

ミネルヴァ書房編集部編（2024）社会福祉小六法2024[令和6年版]、ミネルヴァ書房

（藤田　了）

第4章　保育士等が行う家庭支援の原理

記　事

介助が必要な医療的ケア児を巡り、岡山市が市立の幼稚園や保育園で受け入れを始めて１年余り。看護師の確保など受け皿をつくり、計３人の就園が実現している。子どもらが障害の有無にかかわらず共に過ごすインクルーシブな保育が進む一方、たんの吸引などで常に付き添いが必要な重度のケースには対応できないのが現状だ。（後藤泉稀）

岡山市立園 受け入れ1年

医療的ケア児 ３人就園

NEWSピックアップ

看護師派遣 重度ケース対応できず

4月上旬、市内の保育園職員室。「ちょっとチクッとするよ」。女性看護師が女児(4)の太ももに注射を打つ。女児は小さくうなずき、注射針を刺している間、看護師と一緒に「いち、に、さん…」と十を数えた。

女児は幼少期から発症する1型糖尿病を1歳の頃から患い、血糖値をコントロールするインスリン注射が欠かせない。ケア児に対する市立園のサポートが整った2023年度から、昼食とおやつの前に注射を受けている。

付き添いなし

ケア児が園に入るには、医療的措置を行う保護者の付き添いが必要だった。その措置を自治体などに求める医療的ケア児支援法施行(21年9月)を踏まえ、市はサポートに向けた準備に乗り出した。

ケア児の入園の可否や手続きに関する相談窓口を開設。民間の訪問看護ステーション2カ所と業務委託契約を結び、ケア児が入る園に看護師を派遣する仕組みをつくった。

関係課や医療関係者で構成するワーキンググループで情報共有を図り、23年度から受け入れをスタート。初年度は保育園と認定こども園に各1人、24年度は幼稚園に1人入り、保護者の付き添いなしに園で過ごしている。

女児もそうしたサポートを受けている一人だ。母親は「他の子と一緒に保育園に通えてうれしい。本人も病気が分かった頃に比べ笑顔が増えた」と喜ぶ。

マンパワー不足

とはいえ全てのニーズに応えられるわけではない。市のガイドラインによると、人工呼吸器の装着やたんの吸引で看護師が常に付き添う必要があるケースはマンパワー不足などから断らざるを得ない。

「受け入れ拡充には、ケア児の措置に当たれる看護師を増やさないといけない。だが看護師自体の人手が足りない中、確保は簡単ではない」と市担当者。

園の負担も増すことから、市内のある保育園は「普段から業務に追われる保育士に対応できるのか。何か起きたときに責任が取れない」と不安を口にする。

02年度から受け入れている大阪府豊中市は、全24の認定こども園に看護師を配置。ケア児の在籍数や症状の程度を踏まえて互いにフォローする仕組みも構築し、たんの吸引などが必要な子どもを含む8人が就園している。

支援法は基本理念に「ケア児の日常生活を社会全体で支える」と掲げる。岡山市や園などは実績の積み重ねや先進地の事例からノウハウを蓄積し、サポートの充実に努めていくことが欠かせない。

ズーム　医療的ケア児

人工呼吸器の装着、気管切開に伴うたんの吸引などの医療行為を日常的に必要とする子ども。新生児に対する医療技術の進歩で急増している。ケアは多岐にわたり明確な定義はない。岡山県の2023年調査によると、県内では318人、市内ではおよそ100人とされる。ケア児支援法ではケア児と家族への支援を国や自治体の責務と明記した。

記者の目

保護者支援も期待

「就労したいができない」ー。岡山県医療的ケア児支援センターの2022年度調査結果によると、ケア児の保護者105人の半数がこう訴えた。

岡山市はケア児の就園希望を年間2、3人と推計するが、データはケア児を自らの手でサポートする保護者がまだまだ多いことを物語る。

市には就園体制のさらなる拡充とともに、悩みを共有する親同士の交流会、ケア児の一時預かり施設の確保といった保護者の支援にも目を配る施策を期待したい。

（後藤泉稀）

〈山陽新聞朝刊 2024年5月11日〉

1. 次のことを調べましょう。

1）インクルーシブ保育とはどのようなことか調べましょう。

2）「医療的ケア児支援法」について調べましょう。

3）保育士・保育所の役割について調べましょう。

4）保育士による家庭支援にはどのようなものがあるか、留意点なども合わせて調べましょう。

5）この記事を読んだ感想をまとめましょう。

2. 解　　説

1）インクルーシブ保育とは

「インクルーシブ（inclusive）」とは「包摂的な・包括的な」という意味があります。性別、国籍、宗教、障がいの有無などに関係なくすべての人が尊重し、支え合う共生社会（インクルーシブ社会）の実現が求められています。教育の現場でも、1994（平成6）年「サラマンカ宣言」ではじめてインクルーシブ教育が明記されました。そして2006（平成18）年の国連総会で採択された「障害者の権利に関する条約」においてインクルーシブ教育システムの構築が提唱され、日本でも取り組まれるようになりました。現在は学校だけでなく保育の現場にも浸透しはじめ、障がいの有無や個々の特性にかかわらず、すべての子どもたちが同じ環境で生活し、遊び学べるインクルーシブ保育を実践する保育所等が増えています。こども家庭庁も幼少期からの児童発達支援や医療的ケアを推進しています。厚生労働省は保育所等での医療的ケア児の支援に関するガイドラインを整備し、他医療的ケア児等コーディネーターの養成なども進めています。しかし、記事にあるように保育現場では、まだまだ看護師等の拡充や医療的ケアが必要な園児に対する支援ができる保育士の育成などが課題となっています。

2）医療的ケア児支援法について

医療技術の進歩に伴い医療的ケア児が増加し、医療的ケア児の心身の状況等に応じた適切な支援が課題となりました。そこで、医療的ケア児の健やかな成長を図るとともに、その家族の離職を防止し、安心して子どもを生み、育てることができる社会の実現に向け2021（令和3）年6月に「医療的ケア児及びその家族に対する支援に関する法律」が成立しました。医療的ケア児とは、日常生活及び社会生活を営むために恒常的に医療的ケア（人工呼吸器による呼吸管理、喀痰吸引その他の医療行為）を受ける必要がある児童（18歳以上の高校生等を含む）とされています。法律では医療的ケア児支援センターの指定や相談体制の整備、看護師の配置、喀痰吸引等が可能な保育士の配置、保護者の意思を尊重し居住地に関わらず適切な支援が受けられるような措置を講ずることとしています。

3）保育士・保育所の役割について

保育士とは、「登録を受け、保育士の名称を用いて専門的知識及び技術をもつて、児童の保育及び児童の保護者に対する保育に関する指導を行うことを業とする者」（「児童福祉法」第18条の4）とされ、子どもの育ちを支え、保護者の子育ても支える専門職です。

「保育所保育指針」によると、保育所の役割は、「家庭との緊密な連携のもとに、子どもの状況や発達過程を踏まえ、保育所における環境を通して、養護及び教育を一体的に行うこと」を特性とし「入所する子どもを保育するとともに、家庭や地域の様々な社会資源との連携を図りながら、入所する子どもの保護者に対する支援及び地域の子育て家庭に対する支援等を行う」役割を担うとしています。このように保育に携わる人・場所は、子どもの養育・教育を行うだけでなく、保護者や家庭の子育てを支援していきます。

4）保育士による家庭支援について

近年、子どもを取り巻く環境は変化し、家庭における子育ての問題は多岐にわたります。例えば記事にあるような、医療的ケアを必要とするケースの他、発達障害児の療育、感染症やアレルギー対策、貧困や虐待への対応、夫婦共働きによる子育て全般の悩みなどに対しての相談などがあり、相談支援を必要とするケースが増えています。保育士は、子どもの最善の利益を尊重しつつ、保育に関する専門的知識技術を用い、家庭において安定した親子関係が築かれるよう、保護者の養育力向上を支援します。保育士は、送迎時の会話や電話、懇談、連絡帳などで保護者等からの相談を受け助言しながら、「保護者とともに、子どもの成長の喜びを共有できる」ように支援します。さらに受容・共感的姿勢で保護者の悩みを傾聴し、保護者自身が問題を解決するための自己決定を支援していきます。相談支援は守秘義務を遵守しながら、保育士だけでは支援が難しい場合は保護者の了解のもと、医者や看護師、栄養士、地域の福祉サービス関係者、児童委員などと連携を図っていくことも大切です。子どもや家庭のニーズに応えるためにも保育士の資質向上とともに保育士不足を解消する取り組みを必要としています。

引用・参考文献

・公益財団法人児童育成協会監修「新・基本保育シリーズ⑤子ども家庭支援論」中央法規出版（2022）
・厚生労働省「医療的ケア児及びその家族に対する支援に関する法律の公布について」（2021）https://www.mhlw.go.jp/content/000801676.pdf（最終閲覧日 2024.6.16）
・厚生労働省「保育所保育指針」（2017）
・全国保育士会倫理綱領（2003）

（名定　慎也）

第5章　家庭を取り巻く社会的状況

記　事

少子化対策法案　審議入り

支援金財源で論戦

衆院　首相、徴収額記載促す

児童手当拡充を柱とした少子化対策関連法案は2日の衆院本会議で審議入りした。財源確保のため公的医療保険料に上乗せして徴収する「子ども・子育て支援金」を2026年4月に創設する。今後3年間に年最大3兆6千億円の財源が必要で、他に社会保障の歳出削減などで賄う。野党側は財源が不明確として論戦を挑む。岸田文雄首相は2日の答弁で、支援金の徴収額を毎月の給与明細などへ記載するよう事業主側に促す考えを示した。

首相は支援金徴収に関し「歳出改革による保険料負担の軽減効果の範囲内で行う。国民に新たな負担を求めない」と強調した。日本維新の会の一谷勇一郎氏は「実質的な負担が生じないという答弁はまやかしで誰も理解できない」と批判した。

政府は先月、保険料を払う被保険者から徴収する平均月額を28年度で1人当たり350~950円とした公的医療保険別の試算を公表。実際には所得によっても異なるが政府試算には詳細はなく、立憲民主党の岡本章子氏は首相に、所得に応じた個人負担額を示すよう求めた。

公的医療保険のうち、雇用されている人が入る「被用者保険」では、支援金が給与から天引きされる。法案には支援金の給与明細への記載を義務付ける規定はない。システム改修などが中小企業の負担となることを考慮したためとみられる。

給与明細への記載は事業主側の判断に委ねられるため、記載がなければ、実際の徴収額が分からない可能性がある。首相は「支援金額を表示する取り組みが広がっていくよう理解を促進する」と述べた。

関連法案は①児童手当の対象を高校生の年代まで拡充②児童手当の所得制限を撤廃し、第3子以降の支給額を月3万円に倍増③育児休業給付は両親が共に14日以上の育休を取った場合、手取り収入の実質8割から最大28日間、実質10割に引き上げる—を盛り込んだ。

〈山陽新聞朝刊 2024年4月3日〉

1．記事内の言葉や内容について調べてみましょう。

1）少子化の現状とその要因について調べてみましょう。

2）2024（令和６）年５月現在の児童手当の対象と金額について調べてみましょう。

3）記事を参考に、少子化対策関連法案（子ども・子育て支援法等の一部を改正する法律案）を調べ、ポイントをまとめてみましょう。

4）少子化対策関連法案の内容以外に、どのような対策があれば少子化が解決できるかを、少子化の要因から考えてみましょう。

5）記事を読んだ感想を書いてみましょう。

2. 解　　説

1）少子化の現状とその要因

厚生労働省が公表している「人口動態統計速報（令和5年12月分）」によると、2023（令和5）年1月～12月の出生数は75万8,631人となり、2022（令和4）年の出生数79万9,728人よりも減少しています。2024（令和6）年5月現在も、出生数は過去最低を更新しており、少子化が加速している現状があります。

少子化の要因として考えられているのは、①未婚化の進展、②夫婦の出生子ども数の減少、③経済的に不安定な若者の増加、④結婚や子育てにかかる費用負担、⑤仕事と家庭の両立困難さなどです。①未婚化の進展について、2020（令和2）年時点では30代前半男性の47.4%、同女性の35.2%が未婚とされています。②夫婦の出生子ども数の減少について、2000年代半ば以降、夫婦の子ども数は、3人以上の割合が低下し、1人以下の割合が増加しています。③経済的に不安定な若者の増加について、特に男性では、年収が低い層で未婚率が高い傾向が見られています。④結婚や子育てにかかる費用負担について、夫婦に「理想の子ども数を持たない理由」を聞いた調査では「子育てや教育にお金がかかりすぎるから」という経済的な理由が最も多くなっています。⑤仕事と家庭の両立困難さについて、特に女性がこうした仕事と家庭の両立困難に直面することが多いと言われています。

2）2024（令和6）年5月現在の児童手当の対象と金額

2024（令和6）年5月現在の児童手当の対象は、中学校卒業（15歳到達後の最初の3月31日）までの児童を養育している人です。支給月額は、3歳未満1万5,000円、3歳～小学校修了前1万円（第3子以降は1万5,000円）、中学生1万円です。但し所得制限があります。

3）少子化対策関連法案（子ども・子育て支援法等の一部を改正する法律案）のポイント

少子化対策関連法案（子ども・子育て支援法等の一部を改正する法律案）の施策には、こども未来戦略「加速化プラン」において実施する具体的な施策、子ども・子育て支援特別会計の創設、子ども・子育て支援金制度の創設があります。1つずつ見ていきましょう。

（1）こども未来戦略「加速化プラン」において実施する具体的な施策

ライフステージを通じた子育てに係る経済的支援の強化として、①児童手当は支給期間を中学生までから高校生年代までとする、②支給要件の所得制限を撤廃する、③第3子以降の児童に係る支給額を月額3万円とする、④ 支払月を年3回から隔月偶数月の年6回とする抜本的拡充を行う。また、全ての子ども・子育て世帯を対象とする支援の拡充として、①妊婦のための支援給付とあわせて、妊婦などに対する相談支援事業を創設する、②保育所などに通っていない満3歳未満の子どもの通園のための給付を創設する、③産後ケア事業を地域子ども・子育て支援事業に位置付け、国、都道府県、市町村の役割を明確化し、計画的な提供体制の整備を行う、④教育・保育を提供する施設・事業者に経営情報などの報告を義務付ける、⑤施設型給付費など支給費用の事業主拠出金の充当上限割合の引上げ、拠出金率の法定上限の引下げを行う、⑥児童扶養手当の第3子以降の児童に係る加算額を第2子に係る加算額と同額に引き上げる、⑦ヤングケアラーを国・地方公共団体などによる子ども・若者支援の対象として明記する、⑧基準を満たさない認可外保育施設の無償化に関する時限的措置の期限到来に対する対応を行う。さらに、共働き・共育ての推進として、①両親ともに育児休業を取得した場合に支給する出生後休業支援給付及び育児期に時短勤務を行った場合に支給する育児時短就業給付を創設する、②自営業・フリーランスなどの育児期間中の経済的な給付に相当する支援措置として、国民年金第1号被保険者の育児期間に係る保険料の免除措置を創設します。

(2) 子ども・子育て支援特別会計の創設

子ども・子育て政策の全体像と費用負担の見える化を進めるため、年金特別会計の子ども・子育て支援勘定及び労働保険特別会計の雇用勘定育児休業給付関係を統合し、子ども・子育て支援特別会計を創設します。

(3) 子ども・子育て支援金制度の創設

①国は、医療保険者から子ども・子育て支援納付金を徴収することとし、額の算定方法、徴収の方法、社会保険診療報酬支払基金による徴収事務などを定める、②医療保険者が被保険者などから徴収する保険料に納付金の納付に要する費用を含めることとし、医療保険制度の取扱いを踏まえた被保険者などへの賦課・徴収の方法、国民健康保険などにおける低所得者軽減措置などを定めます。

4) 少子化を解決できる対策

少子化の要因と少子化対策関連法案のポイントを見比べてみると、少子化の要因から対策を考えていることがわかります。しかし、子育て支援にばかり目が向き、結婚支援が必要という認識が希薄であるという指摘や、少子化を克服するには直接的な給付にとどまらず、雇用政策や男女平等などの推進、住宅政策など幅広い視点での対策を検討するべきであるという指摘もあります。

少子化を克服することは容易なことではありませんが、これからの社会を担う世代として、ぜひ皆さんも少子化について学び、考えてみてください。考えるときの材料として、政策対応によって合計特殊出生率を回復させた諸外国の少子化対策について学ぶことも良いと思います。

引用参考文献

桐原康栄（2021）少子化の現状と対策　国立国会図書館 調査と情報―ISSUE BRIEF―No.1163
https://dl.ndl.go.jp/view/download/digidepo_11911775_po_1163.pdf?contentNo=1 （2024年5月21日）

厚生労働省　第3章人口・経済・地域社会をめぐる現状と課題　第1節人口をめぐる現状と課題
https://www5.cao.go.jp/keizai-shimon/kaigi/special/future/sentaku/s3_1_6.html （2024年5月21日）

こども家庭庁　児童手当Q&A
https://www.cfa.go.jp/policies/kokoseido/jidouteate/faq/ippan#qa1 （2024年5月21日）

子ども・子育て支援法等の一部を改正する法律案の概要
https://www.cfa.go.jp/assets/contents/node/basic_page/field_ref_resources/ba94b64b-731f-4f48-97ba-b54a76b0aeb6/a528abca/20240216_councils_shienkin-daijinkonwakai_03.pdf （2024年5月21日）

政策統括官付参事官付人口動態・保健社会統計室　人口動態統計速報（令和5年12月分）
file:///C:/Users/cjc/AppData/Local/Temp/MicrosoftEdgeDownloads/76d06ba6-ea5b-47c2-9f7f-dd51709c9cbe/r0512%E9%80%9F%E5%A0%B1.pdf （2024年5月21日）

山田昌弘（2020）日本の少子化対策はなぜ失敗したのか？～結婚・出産が回避される本当の原因～　第2章日本の「少子化対策失敗」の理由　(2) 少子化の直接の原因に関する「誤解と過ち」（光文社新書）、光文社、Kindle版

（森田　裕之）

第6章　現代の家庭における人間関係

記　事

岡山県は家庭内暴力（ＤＶ）や性被害、生活困窮に直面する女性の支援強化を目的に新設する「県困難な問題を抱える女性支援計画（仮称）」（2024～28年度）の素案をまとめた。とりわけＤＶ被害者へのサポートを重視したのが特徴で、支援機関を設置する市町村数や相談窓口の認知度などに関する７項目の数値目標を盛り込み、体制の充実につなげる。（中村琢也）

ＤＶ対応重視 性被害、生活困窮も

女性支援計画新設へ

岡山県困難な問題を抱える女性支援計画（仮称）素案の主な数値目標

項　目	現　状（2022年度）	目　標（28年度）
配偶者暴力相談支援センターか女性相談支援員を設置・配置している市町村数	5市	9自治体
県女性相談支援センターホームページのアクセス数	6260回	10000回
民間支援団体と連携した被害者の支援調整会議の開催数	（24年度に新設予定）	30回
相談員の研修や交流会の民間支援団体からの参加人数	15人	100人
被害防止を啓発する学生対象の出前講座の受講者数	0校0人	5校120人

※■は25年度までの目標

岡山県女性相談支援センターへの相談種別の内訳

（2022年度、件数）

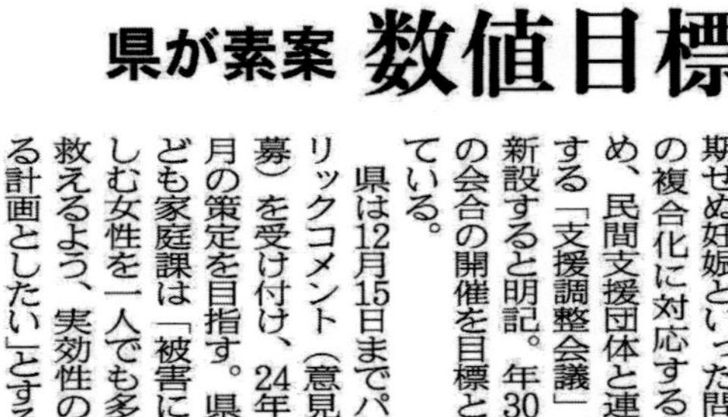

24年4月施行の新法「困難な問題を抱える女性への支援に関する法律」で、都道府県に基本計画の策定が義務付けられるのを見据えた対応。県女性相談支援センター（県女性相談所）が22年度に受理した相談（3735件）ではＤＶのフラッシュバックといった「精神的問題」が最多の1083件、「夫などの暴力」が1010件と続いており、素案はこうした状況を踏まえてＤＶを重大な課題と位置付けた。

数値目標では、ＤＶ被害者を支援する「配偶者暴力相談支援センター」を設置もしくは女性相談支援員を配置している県内市町村を9自治体にすると記載した。現在は岡山、倉敷、津山、玉野、真庭の5市にとどまっており、より広いエリアで支援の基盤を整える。

県が素案 数値目標７項目設定

ＳＮＳ（交流サイト）を活用して相談窓口の認知度を高め、ＤＶ被害の潜在化を防ごうと、県女性相談支援センターのホームページの年間アクセス数を現在の１・６倍となる1万回に増やすことも掲げた。生活困窮や予期せぬ妊娠といった問題の複合化に対応するため、民間支援団体と連携する「支援調整会議」を新設すると明記。年30回の会合の開催を目標としている。

県は12月15日までパブリックコメント（意見公募）を受け付け、24年３月の策定を目指す。県子ども家庭課は「被害に苦しむ女性を一人でも多く救えるよう、実効性のある計画としたい」とする。

〈山陽新聞朝刊 2023年11月17日〉

1．調べてみましょう。

1）現代の社会における人間関係について調べてみましょう。

2）困難な問題を抱える女性の支援について調べてみましょう。

3）女性支援計画について調べてみましょう。

4）この記事を読んだ感想をまとめてみましょう。

2. 解　　説

1）現代の社会における人間関係について

高度経済成長期まで、日本は農村部を中心に三世代同居など大家族の生活形態が大きな割合を占めていました。しかし、高度経済成長期に核家族化が進行し、さらには単独世帯が増加しています。子どもを育てたことのない大人、子どもと同居したことのない大人も増加しています。子どもの育て方が分からない、家族とのかかわり方がうまくいかないというケースも稀ではありません。コミュニケーション能力の不足が子どもへの虐待や家庭内暴力として表れている面もあるでしょう。困難な問題を抱える女性への支援もそうですが、よりよい人間関係を築いていくために個人・社会・行政としてできることは何かを考えて実践していくことが大切であると言えます。以前に比べ相談支援の機関も増加してきました。女性相談支援センターのような専門機関もそうですし、子ども・子育て支援に関しては幼稚園・保育所・認定こども園・児童養護施設などでも日常的に相談に応じています。

人間関係は、本来、人と人の接触により構築されていくものでしょうが、コロナ禍以来、接触を伴う活動が困難である・積極的になれないという状況も生まれています。記事の中にもあるように、SNSを活用して相談窓口の認知度を高めることも、DVだけではなく家庭や家族に関する様々な相談援助の場面で必要になっていくと考えられます。相談援助の窓口は一つだけではありません。それを組み合わせて社会資源に結び付けていくことができるのではないでしょうか。

2）困難な問題を抱える女性の支援について

2022（令和4）年に「困難な問題を抱える女性への支援に関する法律」が成立し、2024（令和6）年に施行されました。この法律は第1条で「女性が日常生活又は社会生活を営むに当たり女性であることにより様々な困難な問題に直面することが多いことに鑑み、困難な問題を抱える女性の福祉の増進を図るため、困難な問題を抱える女性への支援に関する必要な事項を定めることにより、困難な問題を抱える女性への支援のための施策を推進し、もって人権が尊重され、及び女性が安心して、かつ、自立して暮らせる社会の実現に寄与すること」を目的とする旨が規定されています。

この法律では「困難な問題を抱える女性」を「性的な被害、家庭の状況、地域社会との関係性その他の様々な事情により日常生活又は社会生活を円滑に営む上で困難な問題を抱える女性（略）をいう」と定義しています（第2条）。都道府県は、女性相談支援センターを設置しなければなりません（第9条第1項）。従来の婦人相談所のことです。「女性相談支援センターは、その業務を行うに当たっては、その支援の対象となる者の抱えている問題及びその背景、心身の状況等を適切に把握した上で、その者の意向を踏まえながら、最適な支援を行う」とされています（第9条第4項）。第11条第1項では都道府県等は「困難な問題を抱える女性について、その発見に努め、その立場に立って相談に応じ、及び専門的技術に基づいて必要な援助を行う職務に従事する職員」を置くこととされています。これは女性相談支援員でこれまでの婦人相談員です。さらに第12条第1項では「都道府県は、困難な問題を抱える女性を入所させて、その保護を行うとともに、その心身の健康の回復を図るための医学的又は心理学的な援助を行い、及びその自立の促進のためにその生活を支援し、あわせて退所した者について相談その他の援助を行うこと（略）を目的とする施設」を設置できることとされていて、これは女性自立支援施設（旧・婦人保護施設）です。

3）女性支援計画について

「困難な問題を抱える女性への支援に関する法律」は第7条で、厚生労働大臣は、困難な問題を抱える女性への支援のための施策に関する基本的な方針を定めなければならないことが規定されています。この基本方針は都道府県基本計画及び市町村基本計画の指針となるべきものを定めるものです。これは1.困難な問題を抱える女性への支援に関する基本的な事項、2.困難な問題を抱える女性への支援のための施策の内容に関する事項、3.その他困難な問題を抱える女性への支援のための施策の実施に関する重要事項を内容としています。

同法第8条は都道府県基本計画や市町村基本計画について規定しています。都道府県基本計画は、1.困難な問題を抱える女性への支援に関する基本的な方針、2.困難な問題を抱える女性への支援のための施策の実施内容に関する事項、3.その他困難な問題を抱える女性への支援のための施策の実施に関する重要事項を定めます。市町村（含む特別区）は、基本方針に即し、かつ、都道府県基本計画を勘案して、当該市町村における困難な問題を抱える女性への支援のための施策の実施に関する基本的な計画（市町村基本計画）を定めるよう努めることとされています。

（今井　慶宗）

第7章　地域社会の変容と家庭支援

記　事

こどもの日

「体験格差」解消を目指せ

社説

大型連休が明けたら、学校などで例えばこんな会話が聞かれるかもしれない。「旅行とか行った?」「習い事で忙しかったけど、家族でバーベキューしたよ」―。だが、中には話すことが何もない子どももいるだろう。

スポーツに取り組む。音楽や美術に親しむ。キャンプや海水浴を通じて自然と触れ合う。学校外でのあらゆる「体験」は子どもたちの成長を促すとされるが、そうした活動にお金や時間をかけられる家庭と、そうでない家庭との格差が深刻だ。

「子どもの貧困対策推進法」の施行から今年で10年になる。この間、保護者の収入の多寡によって学習機会に格差があることが問題視され、解消に向けて施策が講じられてきた。体験の機会についても軽んじることなく、取り組みを進めねばならない。

体験活動の重要性はさまざまな研究が明らかにしている。文部科学省が２００１年生まれの２万人以上を追跡調査したデータを分析したところ、小学生の頃に体験や読書、お手伝いを多くした子は中高生になってからの自尊感情や精神的な回復力、活発さなどが高かった。

一方、公益社団法人チャンス・フォー・チルドレン（CFC）が小学生の保護者に尋ねた22年の調査では、世帯年収３００万円未満の子は３人に１人が直近1年間で学校外の体験活動を何もしていなかった。年収６００万円以上の場合、体験ゼロは10人に１人と、その差は大きい。

経済的な理由に加え、見過ごせないのは親の経験の有無が及ぼす影響だ。調査結果によると保護者自身が幼少期に体験活動をしていない世帯は年収が低い上、子どもの体験機会も乏しい。世代間で「体験の貧困」が連鎖している実態が浮かぶ。

こうした連鎖を断ち切ろうとする動きはある。CFCは昨年度、生活が苦しい家庭の子どもらがピアノを習ったり、スポーツクラブに通ったりするのに使える「体験奨学金」の本格展開を始めた。個人や企業からの寄付を原資に、各地の支援団体と連携して全国に広げたいという。

今ある4拠点の一つが岡山市である。岡山に支部のあるNPO法人チャリティーサンタが市立公民館の英会話、書道などの講座と、受講を希望する園児から高校生までをマッチングし、費用を支給する。「地域」の力で体験格差を埋める試みは、機会提供のモデルケースとなろう。

岡山県内の低所得世帯の子らに対しては、ほかにも動物園や野球観戦への招待などの取り組みがある。無料の理科実験教室や工作体験も少なくない。ただ、送迎時間が取れないため参加できないといった親側の悩みに応える工夫はもっと必要だ。

きょうは、こどもの日。どの子も「やってみたい」ことを諦めずに済む社会の実現へ、支援のあり方を考えたい。

2024.5.5

〈山陽新聞朝刊2024年5月5日〉

1．調べてみましょう。

1）「子どもの貧困対策推進法」について調べてみましょう。

2）「子供の貧困対策に関する大綱」について調べてみましょう。

3）文部科学省「体験活動の推進」と「子供の体験活動推進宣言」について調べてみましょう。

4）文部科学省・こども家庭庁・内閣府における家庭支援について調べてみましょう。

5）この記事を読んだ感想を書きましょう。

2. 解　説

1)「子どもの貧困対策推進法」について

子どもが、生まれ育った環境などで将来や教育の機会などが左右されない環境の整備を目指し、2014（平成26）年1月に施行された法律です。法律の正式名は「子どもの貧困対策の推進に関する法律」で全14条からなります。2019（令和元）年に子どもの将来だけでなく、現在への対策も推進すること、教育の機会均等が図られるべきという内容を明確化した文言などを盛り込み、改正されました。

2)「子供の貧困対策に関する大綱」について

「子どもの貧困対策の推進に関する法律」（平成25年法律第64号）を踏まえ、2014（平成26）年に「子供の貧困対策に関する大綱」が閣議決定されました。そして同大綱に掲げられている施策の実施状況や対策の効果等を検証・評価し、子どもの貧困対策についての検討を行うために「子供の貧困対策に関する有識者会議」が2015（平成27）年8月に設置されました。さらに、同会議における議論等を踏まえ、「子どもの貧困対策の推進に関する法律の一部を改正する法律」（令和元年法律第41号）も反映し2019（令和元）年11月29日に新たな「子供の貧困対策に関する大綱」が閣議決定されました。当面取り組むべき重点施策として、「教育の支援」「生活の安定に資するための支援」「保護者に対する職業生活の安定と向上に資するための就労の支援」「経済的な支援」の4つを中心に、様々な子どもの貧困対策が進められています。

3) 文部科学省「体験活動の推進」と「子供の体験活動推進宣言」について

子どもの「生きる力」を育む上で、自然体験を始め文化・芸術や科学に直接触れる体験的な活動が重要です。社会で求められるコミュニケーション能力や自立心、主体性、協調性、チャレンジ精神、責任感、創造力、変化に対応する力、多様な他者と協働する能力を育むためには、様々な体験活動が不可欠です[1)]。

2022（令和4）年6月、末松信介文部科学大臣（当時）が「子供の体験活動推進宣言」を発表しました。これは、文部科学省が同年2月に公表した「教育進化のための改革ビジョン」に基づき、企業と連携した子どもたちの「リアルな体験」機会の充実を全国規模で推進するためのものです[2)]。国や地方公共団体、地域、学校、家庭、民間団体、民間企業などがそれぞれの立場で自らの役割を適切に果たし連携して、体験活動の機会を社会総掛かりで意図的・計画的に創出していくことが必要とされています。また、NPOや子供会、青年団、青年会議所といった多くの民間団体が様々な体験活動プログラムを企画・実施しており、これらの団体の活性化も求められています[3)]。

4) 家庭を取りまく社会環境の変化と文部科学省・こども家庭庁・内閣府による地域における家庭支援について

家庭は本来、子どもたちの豊かな情操を育んだり、生活のために必要な習慣を身につけたりさせる場です。しかし、少子化や核家族化の進行、共働き家庭やひとり親家庭の増加、地域のつながりの希薄化など、家庭を取りまく社会環境が変化しています。このような中で、子育てに悩みや不安を持つ保護者も多く、地域の実情に応じた家庭教育支援の重要性は一層高まっています[4)]。

文部科学省は、地域において、家庭教育に関する支援が届きにくい家庭に配慮しつつ、保護者が安心して家庭教育を行うことができるよう、地域の多様な人材を活用した家庭教育支援チームなどが地域の実情に応じて行う家庭教育支援の取組として、保護者に対する子育て講座などの学習機会や情報の提供、相談対応などを推進しています[5)]。

厚生労働省は、共働き家庭などの「小1の壁」・「待機児童」を解消するとともに、次代を担う人材を育成するため、全ての児童が放課後を安全・安心に過ごし、多様な体験・活動を行うことができることを目指してきました。これらは2023（令和5）年にこども家庭庁に引き継がれています。「放課後児童クラブ」は、共働き家庭など保護者が仕事などで昼間家庭にいない小学生を対象に、授業の終了後などにおいて、学校の余裕教室や児童館などを利用して遊びや生活の場を提供します。なお文部科学省の所管である「放課後子供教室」は、全ての子どもを対象に、地域住民等の参画を得て、学習やスポーツ・文化芸術活動、地域住民との交流などの機会を提供しています。いずれも量的整備は進んできていますが[6)]、一体型は2022（令和4）年5月現在、5,869か所にとどまっています。

また、送迎や放課後の預かり等の援助を受けることを希望する者と当該援助を行うことを希望する者を会員とし、その相互援助活動に関する連絡、調整を行う「ファミリー・サポート事業」の推進を図っています[7)]。

内閣府は、家族や地域の大切さ等についての理解促進を図っています。子どもと子育てを応援する社会の実現のためには、子どもを大切に、社会全体で子育てを支え、個人の希望が叶えられるバランスの取れた総合的な子育て支援を推進し、多様な家庭や家族の形態があることを踏まえつつ、生命を次代に伝え育んでいくことや、子育てを支える家族と地域の大切さが国民一人一人に理解されることが必要[8)]としています。

注

1）内閣府（2022）『令和4年版　子供・若者白書』．p.19
2）文部科学省「体験活動推進特設ページ（たっぷり体験）」
https://www.mext.go.jp/a_menu/sports/ikusei/mext_00935.html
3）1）前掲書、p.20
4）同書、p.146
5）同上
6）同書、p.147
7）同書、p.157
8）同書、p.190

参考文献

・厚生労働省編『令和5年版　厚生労働白書』（2023）
・文部科学省総合教育政策局　令和5年7月28日放課後児童対策に関する二省庁会議資料「放課後児童対策に関する二省庁会議説明資料」
https://www.cfa.go.jp/assets/contents/node/basic_page/field_ref_resources/5b44b7e1-24f1-4781-acd5-f94bb185d82d/bb959824/20230401_councils_houkagojidoutaisaku_5b44b7e1_04.pdf（最終閲覧日：2024年6月15日）
・こども家庭庁「子供の貧困対策に関する大綱～ 日本の将来を担う子供たちを誰一人取り残すことがない社会に向けて ～」

https://www.cfa.go.jp/assets/contents/node/basic_page/field_ref_resources/834d4ee3-212d-4f35-aefa-6b795ebc913a/26e5c8a9/20230522_councils_shingikai_kihon_seisaku_JapZTAT7_10.pdf（最終閲覧日：2024年6月15日）

（齊藤　佳子）

第8章　男女共同参画社会とワーク・ライフ・バランス

記　事

30年間で20～39歳女性半減以下
744自治体 消滅可能性
人口戦略会議分析 全体の４割超

人口減少問題への関心を高めるため、民間組織「人口戦略会議」がまとめた報告書の概要が19日判明した。２０２０～50年の30年間で、子どもを産む中心の年代となる20～39歳の女性が半数以下となる自治体は「消滅可能性」があるとした上で、全体の40％超の７４４自治体が該当すると分析している。24日に公表予定で、自治体に地域の実情に応じた対策の充実を呼びかける。

人口減少を巡っては、別の民間組織「日本創成会議」が14年に報告書を公表した。国立社会保障・人口問題研究所（社人研）の地域別将来推計人口を基に独自にデータ処理した結果、８９６自治体は10～40年に20～39歳の女性が半数以下となり、消滅の可能性があるとした。８９６自治体のリストも公表した。

10年ぶりの今回は、独自のデータ処理をせず最新の社人研推計をそのまま当てはめた。見かけ上は、該当自治体数は10年で１５０程度の減少となった格好だ。人口戦略会議は外国人住民の増加が要因で、少子化自体には歯止めがかかっていないとみている。

14年の８９６自治体リストは、政府が東京一極集中の是正を目標とする「地方創生」を始めるきっかけになった。一方、この10年間で多くの自治体が移住者呼び込みを推進したことで、近隣自治体などで人口の奪い合いが起き、国全体での出生率の向上にはつながっていないと指摘される。

今回の報告書は、こうした現状を変えていくため、出生率向上の重要性を強調する。また、将来的にも20～39歳の女性が多いと見込まれる自治体は、新たに「自立持続可能性自治体」と定義する見通しだ。

人口戦略会議は経済界有志や有識者らでつくる。メンバーの一人で14年の日本創成会議にも関わった増田寛也・日本郵政社長は今年１月、報告書を５月ごろまでに発表する考えを示していた。

「人口戦略会議」がまとめた報告書概要のポイント

- 2020～50年に、20～39歳の女性が半数以下となる自治体は「消滅可能性」がある
- 全体の40％超の744自治体が該当
- 14年に「日本創成会議」が公表した896自治体からは減少

〈山陽新聞朝刊 2024年4月20日〉

「うまずして」発言撤回

上川氏　静岡知事選応援演説

上川陽子外相は19日、静岡県知事選の応援演説で自民党推薦候補の当選に向け「この方を私たち女性がうまずして何が女性でしょうか」との自身の発言を撤回した。「私の真意と違う形で受け止められる可能性があるとの指摘を真摯《しんし》に受け止め、撤回する」と静岡市で記者団に語った。岸田文雄首相は「誤解を招く表現は避けるべきだと私も思う」と視察先の山形県酒田市で記者団に述べた。

上川氏は発言の趣旨に関し、自身が初当選した2000年の衆院選に触れ「女性のパワーで私という衆院議員を誕生させてくださった皆さんに、いま一度、女性パワーを発揮していただき、知事を誕生させようとの意味で申し上げた」と説明。「初当選以来、女性が新しい変化をうみ出すことを日本中、世界中で実感している。その思いは変わらず、日々強まっている」と語った。

自民の森山裕総務会長は記者団に「女性蔑視の意思は全くない」と述べて擁護した一方、立憲民主党の泉健太代表は「冷静に言葉を伝えなければ、外交上の問題も発生する。外相としての資質も疑われる発言だ」と非難した。

立民の辻元清美代表代行は「子どもを産みたくても産めない人がたくさんおり、経済的理由で出産をちゅうちょしている人もいる」と指摘。国民民主党の玉木雄一郎代表は「外相として世界に影響力があり、言葉は慎重に選ぶべきだ。軽率だった」と語った。

演説は18日、上川氏の女性支持者が多く集まった静岡市の屋内の集会で行われた。上川氏は衆院静岡1区選出。26日の県知事選投開票を前に2週連続で静岡県入りした。

〈山陽新聞朝刊2024年5月20日〉

「男女共同参画は大切」

推進週間記念催し　事業者表彰や講演

岡山

岡山市の男女共同参画推進週間「さんかくウイーク2023」（21～27日）の記念イベントが25日、中区小橋町の市民文化ホールで開かれ、事業者表彰や作家落合恵子さん(78)＝東京＝の講演があった。

表彰されたのは、女性役員の登用を進める醸造機械製造・フジワラテクノアート（北区富吉、藤原恵子社長）と、看護・介護のために勤務時間の途中でも職場を離れられる制度を導入しているソフトウエア開発・ピコシステム（南区西市、丹波真二社長）の2社。竹中正博副市長が両社長に表彰状と記念品を贈った。

落合さんは「男女共同参画社会。今日まで、そして今日から」と題して講演。「社会を変えるのは私たち一人一人。男女共同参画の大切さに気付くのは今からでも遅くない」と訴えた。

事業者表彰などがあったさんかくウイークの記念イベント

イベントには233人が参加。さんかくウイーク2023のシンボルマークを考案した岡山商科大付属高3年大西舞さん(18)もたたえた。

（桧尾紗英）

〈山陽新聞朝刊2023年6月28日〉

1．考えてみましょう。

1）男女共同参画社会について、上川外務大臣の記事等を読んで考えてみましょう。大臣の「うまずして〜」のコメントは撤回されましたが、何が問題だったのでしょうか。固定的な性別役割分担意識やアンコンシャス・バイアス（無意識の思い込み）、自分の経験なども振り返りながら考えてみましょう。

2）ワーク・ライフ・バランスについて考えてみましょう。744自治体消滅可能性の記事では、出生率の向上の重要性が強調されています。記事中では、20 〜 39歳の女性の人口の減少に注目していますが、この年代の女性が増えれば出生率は上がると思いますか。また、ワーク・ライフ・バランスの取り組みが進んでも出生率が上がっていないのはなぜだと思いますか。

3）岡山市の事業者表彰の記事のように、企業や市役所などの行政機関もワーク・ライフ・バランスの取り組みを行っています。自分に身近な企業や、行政機関の取り組みを調べてみましょう。

4）この記事を読んだ感想を書きましょう。

2. 解　　説

1）男女共同参画社会

男女共同参画社会について、「男女共同参画社会基本法」では「男女が、社会の対等な構成員として、自らの意思によって社会のあらゆる分野における活動に参画する機会が確保され、もって男女が均等に政治的、経済的、社会的及び文化的利益を享受することができ、かつ、共に責任を担うべき社会」とされています。

また、「岡山市男女共同参画社会の形成の促進に関する条例」では「性別等にかかわらず、全ての人が社会の対等な構成員として、その個性と能力を十分に発揮する機会が確保されることにより、自らの意思によって社会のあらゆる分野における活動に参画し、ともに責任を担うことが実現される社会」とされています。

現状も、「男性は外で働くもの、女性は家庭を守るものだ」等、家庭・地域・社会における男女の固定的な性別役割分担意識が残っています。また、自分自身は気づいていない「ものの見方やとらえ方のゆがみや偏り」であるアンコンシャス・バイアスの問題もあります。自分自身では意識しづらく、ゆがみや偏りがあるとは認識していないため、「無意識の偏見」と呼ばれます。事例として、「共働きでも男性は家庭よりも仕事を優先するべきだ」、「男性なら残業や休日出勤をするのは当たり前だ」、「事務作業などの簡単な仕事は女性がするべきだ」、「育児期間中の女性は重要な仕事を担当すべきでない」等が考えられます。

上川大臣の発言は「女性は出産して一人前」といった偏見や先入観が根底にあるのではないかと推察することも解釈によっては可能であったことから批判につながったと考えられます。

2）ワーク・ライフ・バランス

ワーク・ライフ・バランスとは仕事を持つ人が、やりがいを持って働きながら、家庭や地域においても充実した生活を送り、子育て期、中高年期といった人生の各段階に応じた多様な生き方が選択・実現できることです。

経済界有志らでつくる民間組織「人口戦略会議」は、全体の40％超に当たる744自治体で人口減少が深刻化し、将来的に「消滅の可能性がある」との報告書を発表しました。2020（令和2）～2050（令和32）年の30年間で、子どもを産む中心世代となる20～30代の女性が50％以上減るとの推計を根拠とし、少子化に警鐘を鳴らしています。出生率の向上の重要性を指摘するものであるとともに、将来的に20～39歳の女性が多いと見込まれる自治体が「自立持続可能性自治体」と定義されており、その年代の女性の結婚や出産を促進することを期待するものです。ただし、出生率の向上にあたっては、女性が、子どもを持っても、キャリア形成も含め自分らしい生き方ができる制度や支援をより充実することや、「育児は女性の仕事」といったアンコンシャス・バイアスの解消に向けた動きや男性の育休取得率の向上なども、より一層求められると考えられます。

3）岡山市の施策

岡山市では、「岡山市男女共同参画社会の形成の促進に関する条例」や基本計画等を策定し、男女共同参画社会形成やワーク・ライフ・バランス推進についてさまざまな事業を行うとともに、事業主として「岡山市特定事業主行動計画」を策定し、目標の達成に向けた取り組みを行っています。

「岡山市男女共同参画社会形成の促進に関する条例」は、性別等にかかわらず市民一人ひとりの個性が輝く「住みよいまち、住みたいまち」の創造をめざして、2001（平成13）年6月に制定されました。愛称は「さんかく条例」です。2019（平成31）年4月の条例改正では、女性活躍及びワーク・ライフ・バランスの推進について、自治組織等における男女共同参画の推進、性の多様性の尊重についての3点について明記しました。また、「岡山市男女共同参画社会の形成の促進に関する基本計画」（第５次さんかくプラン）は、岡山市における男女共同参画の推進に関する施策を総合的かつ計画的に取り組む指針として策定されました。

岡山市の取り組みとしては次のものがあります。

（1）岡山市女性が輝く男女共同参画推進事業所認証制度

女性活躍推進及び仕事と家庭の両立支援など、職場における男女共同参画社会を推進している市内企業を認証する制度です。

（2）事業者表彰

雇用の分野での男女共同参画社会実現に向けて、積極的な取り組みを行っている事業者を男女共同参画推進週間（さんかくウイーク）において、表彰を行う制度です。

（3）女性活躍推進のためのシンポジウムや各種セミナーの開催

（4）さんかくウイークの開催

毎年6月21日から27日までの1週間をさんかくウイークと位置づけて、その前後1週間を含め3週間にわたって、男女共同参画・女性活躍に関する様々な行事を行っています。

（5）岡山市男女共同参画社会推進センター（さんかく岡山）での取り組み

男女共同参画を推進する地域リーダーや具体的な活動が出来る人材を養成する「さんかくカレッジ」や市民団体等が市と協働で実施する市民協働事業、男女共同参画学習支援事業、DV防止啓発等を行っています。

また、岡山市自身が事業主であることによる取り組みも行っていて、岡山市特定事業主行動計画の策定及び取り組みがなされています。課題として、①女性登用の推進、②職場環境の整備（男性の家庭生活への参加促進）、③働き方の改革の3つを掲げ、課長級以上に占める女性職員の割合や、男性職員の育児休業取得率などについて数値目標を定め、達成に向けて取り組みを進めています。

引用参考文献

・内閣府男女共同参画局ホームページ
・岡山市役所ホームページ
・岡山市男女共同参画社会の形成の促進に関する計画（第５次さんかくプラン）
・山陽新聞2024年4月24日記事

（篠原　照明）

第9章　子育て家庭の福祉をはかるための社会資源

記　事

子育てを一体的に支援
市が家庭センター開設

真庭

子育て世帯への支援強化に向け、真庭市は1日、本庁舎1階の子育て支援課内に「こども家庭センター」を開設した。自治体に設置を努力義務とした改正児童福祉法に伴う対応で、妊娠期から子育て期にかけて一体的な支援業務に当たる。

健康推進課が担ってきた母子保健と子育て支援課の児童福祉の業務を統合。統括支援員をはじめ保健師、社会福祉士、心理士ら12人体制で、妊産婦ケアや乳幼児健診、育児相談から心配事相談まで、広く18歳までの子どもや家族に応じる。ひとり親家庭、家事や家族の世話を担うヤングケアラーの支援、児童虐待予防にも対応する。

同日の始業前にオープニング式が開かれ、太田昇市長が「市民が安心して子を産み育てられ、何でも相談できるよう充実させていきたい」とあいさつ。小田康文議長とともに課内に掲げた看板を除幕した。

問い合わせは同センター（0867㊷1816）。（小谷章浩）

こども家庭センターの看板を除幕する太田市長（左）と小田議長

〈山陽新聞朝刊 2024年4月2日〉

1．調べてみましょう。

1）社会資源とはどのようなものですか。

2）フォーマルな社会資源とはどのようなものですか。

3）インフォーマルな社会資源とはどのようなものですか。

4）子どもや子育て家庭をめぐる社会課題はどのようなものがあるか調べてみましょう。

5）記事を読んだ感想を書きましょう。

2. 解　　説

1）社会資源

社会資源は人々の暮らしの課題の改善や解決に活用できる、制度、機関、施設、組織、人、技術、知識、資金、物質などの、あらゆる有形・無形の資源のことを指します。生活上のニーズの充足に活用される全てのものは、広い意味で社会資源だといえます。また、これら社会資源は、フォーマルな社会資源とインフォーマルな社会資源に大別ができます。

2）フォーマルな社会資源

フォーマルは、その言葉の通り「形式的」「公式的」「正式」を意味し、社会福祉では制度化された公的なものになります。社会福祉のフォーマルな社会資源は、行政機関や公的サービスの相談対応や、専門職による制度に基づくサービスや支援全体を指します。子育て家庭の福祉に関わるフォーマルな社会資源では、公的機関が運営する子育て支援センターをはじめとする児童相談所や保健センターなど多くの施設や、その他の制度に基づいた民間組織が運営する保育所や児童発達支援センターなどの施設もフォーマルな社会資源となります。これらの機関や施設が行うサービスがフォーマルサービスです。

フォーマルな社会資源は、公共機関の利用や窓口での相談は無償なものがほとんどで、制度に基づくサービスや支援は比較的安価で利用できます。利用するには一定の手続きや活用できる基準が設けられ、安定した専門的サービスの提供や、長期的な継続が可能なことも特徴です。一方で、制度に基づく決められた社会保障の枠組みの対応となるため、柔軟性に欠けることも課題です。

3）インフォーマルな社会資源

インフォーマルは、フォーマル以外のものを指し、インフォーマルな社会資源とは公的機関や専門職の制度に基づく支援やサービス以外のものになります。インフォーマルな社会資源の支援やサービスをインフォーマルサービスといいます。インフォーマルな社会資源は、自治会やボランティア、制度に基づかない個別の対応が可能である民間サービスの支援や援助が該当します。その他にも支援やサポートが必要な人の身近にいる人たち、家族、親戚、友人、近隣住人もこれに該当します。

これら資源の活用は、利用する側と提供する側の合意により行われ、活用にあたっての制限はありません。そのため、個別の対応が可能なことや、必要な支援やサービスが柔軟に対応可能なことも特徴です。一方で、これらのサービスや支援は、公的サービスのように安定したサービスの提供の保障が難しいことや、マンパワーの不足により支援継続の中断がありうること等、不安定なことも課題です。また、家族やボランティアなどの善意によるサービスは無償や安価である一方、制度に基づかないサービスのなかには、フォーマルサービスよりも利用料金が高価となる場合もあります。

4）子どもや子育て家庭の社会課題とそれを支える取り組み

子育て家庭を取り巻く環境は、ますます複雑化、多様化しつつあります。家族形態の変化では「単独世帯」が増加し、子どもがいる世帯が徐々に減少するなかで、2020（令和2）年には「ひとり親と子ども」世帯が「3世代等」世帯数より多くなっています。これらをはじめ近年の家族形態の変化により、子育て家庭を支える仕組みづくりや地域での子育て支援へのニーズの高まりがあります。

子どもや子育て家庭に関わる社会課題は多岐に渡ります。仕事と子育ての両立の問題や、それに伴い子どもを預ける場所や待機児童の問題、育児中の困りごとなどが生じ、それらに対応する相談窓口の充実や、子育て家庭をフォローできる仕組みづくりが必要です。さらに、子育て家庭をめぐる問題は他にもたくさんあります。児童虐待の相談件数は、2022（令和4）年は過去最多の22万件に迫る深刻な状況です。その他にも生活困窮家庭や、家庭のなかで適切な養育を受けられない子どもたちの増加、子どもが兄弟姉妹や家族の介護を行うヤングケアラーの問題など、子どもや子育て家庭の課題は山積しています。

こうした課題に社会全体で支えていく取り組みが必要です。「子ども・子育て支援新制度」は、子育てを社会全体で支えることを目指し、幼児期の学校教育や保育、子育て支援の量の拡充や質の向上を図ること、そして各市町村は地域の実情に応じた子育て支援サービスの充実が求められています。また「仕事・子育て両立支援事業」として、企業による働きながら子育てしやすい環境づくりを推進する子育て支援の充実も図られています。その他にも地域のニーズに応じた「子育てサロン」や「子ども食堂」をはじめ、多くのフォーマルやインフォーマルな取り組みが協働・連携しながら、子どもや子育て家庭を支える役割を果たすことが期待されています。子どもたちの健やかな成長と子育て家庭の福祉に、フォーマルやインフォーマルな社会資源をかけあわせ、社会全体で支えあう取り組みが必要です。

参考文献

1）こども家庭庁「令和4年度 児童相談所における児童虐待相談対応件数（速報値）」
https://www.cfa.go.jp/assets/contents/node/basic_page/field_ref_resources/a176de99-390e-4065-a7fb-fe569ab2450c/12d7a89f/20230401_policies_jidougyakutai_19.pdf（閲覧日 2024.5.22）

2）こども家庭庁『よくわかる「子ども・子育て支援新制度」』
https://www.cfa.go.jp/policies/kokoseido/sukusuku （閲覧日 2024.5.22）

3）内閣府男女共同参画局「第1節　家族の姿の変化・人生の多様化」
https://www.gender.go.jp/about_danjo/whitepaper/r04/zentai/（閲覧日 2024.5.22）

4）新村出著（1994）「広辞苑第4版」、岩波書店、p.876

（中野ひとみ）

第10章　多様な支援の展開と関係機関の連携

記　事

子育て情報 冊子に

福山市 助成制度など紹介

福山市は、妊娠期から学童期までの子育て情報をまとめた冊子「あんしん子育て応援ガイド2023」を発行した。子どもの成長に応じて受けられる助成制度や相談機関などを紹介している。

「妊娠・出産」「仲間づくり」「手当・医療費支援」「ひとり親家庭支援」「災害に備えて」―など13項目のテーマに分けて掲載。出産から中学生に至るまでの間に利用できるサービスや手続きをカレンダー形式にした。

父親の育児参加を促す国の制度や親子で楽しめる公共施設、発熱や誤飲といったトラブルに対する注意点とその対策についても紹介。在住外国人向けに英語や中国語、ベトナム語、ポルトガル語で相談先を表記した。

A5判、62㌻で3万3千部作製。市役所や保育所など子育て関連施設で配布しているほか、市ウェブサイトでも公開中。問い合わせは市ネウボラ推進課（084―928―1053）。（赤沢昌典）

福山市が作製した「あんしん子育て応援ガイド2023」

〈山陽新聞朝刊 2023年7月31日〉

1．調べてみましょう。

1）少子化について調べてみましょう。

2）「子育て支援制度」にはどのようなものがあるか、内容について調べてみましょう。

3) 子育て支援のためのお金や関係機関や人材について、どのようなものがあるか、調べてみましょう。

4) 子育て支援の関係機関の連携について考えてみましょう。

5) この記事を読んだ感想をまとめてみましょう。

2. 解　説

1）少子化について

現代の日本は少子化が急速に進行しています。厚生労働省は2023（令和5）年6月5日、2023（令和5）年の人口動態統計を発表しましたが、一人の女性が生涯に産む子どもの数を示す合計特殊出生率は1.20で、過去最低を更新しました[1]。出生率は2016（平成28）年から8年連続で低下しました。これまでの最低は2005（平成17）年と2022（令和4）年の1.26でした。出生率が最も低いのは、東京都の0.99で1を割り込みました。最も高いのは沖縄県の1.60でした。

また出生数や婚姻数も戦後最少を記録しています。2023（令和5）年の婚姻数は48万9,281組で、戦後初めて50万組を割っています[2]。 外国人を除く出生数は前年比5.6%減の72万7,277人でした[3]。一方、死亡数は前年比0.4%増の157万5,936人と過去最多でした[4]。出生数は17年連続で死亡数を下回り、出生と死亡の差である自然減は84万8,659人で前年よりも5万人多く、人口減少のペースが加速しています。経済負担や働き方改革の遅れから結婚や出産をためらう若い世代が増え、少子化と人口減少が加速しています。

かつて戦前までの日本は「家制度」によって、三世代で近隣共同体の一員として生活し、制度と共同体に守られ、戸主や長男の指示の下、家業や農作業などの仕事や育児、高齢者・障害者・病人の介護などを家族で協力しながら暮らしていました。しかし、戦後は高度経済成長期を経て、人口が東京や大阪、名古屋の大都市圏に集中し、核家族が増加していきます。女性の社会進出、晩婚化、狭い住宅問題、子どもの高い教育費がさらに少子化を進展させることになりました。

少子化と人口減少は、「子育て」のあり方にも影響を与えています。子育ては前述したように、家庭のなかで家族が行うものでしたが、戦後の経済成長に伴う人口の都市集中、核家族化の進展や第二次・第三次産業従事者の増加により、男性は働きに出て、女性は専業主婦として家庭を守ることが当たり前となっていきました。子育てにおいても、自宅にいる母親に任せっきりで父親は仕事中心で、あまり育児に参加しない家庭も多かったのです。日本は、圧倒的に子育てを母親がしている家庭が多く、子どもと接する時間が多い母親が孤立感とストレスで苦しんでいるケースが多いとされています。そのなかには育児ノイローゼになってしまう母親もいます。子どもへの虐待につながってしまうケースもあるでしょう。また働いても長年にわたり一向に給料が上がらず、教育にもお金が掛かることも少子化の要因といわれています。そのような状況から「子育ての社会化」が叫ばれるようになってきたのです。そこで子育て支援の拡充を目的として、2015（平成27）年4月には、「子ども・子育て支援新制度」が施行されています。

2）「子育て支援制度」について

子育て支援とは、子どもを産み育てるために、お金や場所、人手、情報などのサービスを提供することです。

1990（平成2）年以降、前年1989（平成元）年に合計特殊出生率が1.57を切ったことによる少子化対策を求める世論の高まりを受け、国、地方自治体などによって、子育て支援が積極的に行われるようになりました。2015（平成27）年4月には、「子ども・子育て支援新制度」が施行されています。この新制度は、すべての子どもを対象としており、子育て支援、保育所・児童館・児童養護施設・幼稚園等での保育・教育のあり方に関わるものです。

また、子育て支援制度の対象者は、大きく4つに分類できます。

- ・0歳から中学生までの子どもがいる家庭
- ・妊娠中の者（マタニティ）
- ・子どもを授かる前の男女（妊活期）
- ・夫婦になる前の男女（婚活期）

子育て支援を提供する側は、国や都道府県、市町村などの行政や職場・企業、病院、大学、図書館、地域のコミュニティーセンターなど多岐にわたります。行政をはじめとし、子育て支援を受ける側が多く訪れる施設や働いている場所なども含んでおり、自主的に取り組んでいる団体や個人などもあります。地方自治体によっては、地域の課題を解決するための制度・サービスを独自につくっていることもあります。行政の情報発信としては、①子育てアプリ、②子育て支援サイト、③子育て支援便りなどによる配信があげられます。

さて、本章で取り上げた山陽新聞の記事は、広島県福山市の妊娠期から学童期までの「子育て支援制度」をまとめた冊子「あんしん子育て応援ガイド2023」が発行されたことを紹介している記事です。冊子の内容は「妊娠・出産」「仲間づくり」「手当・医療支援」「ひとり親家庭支援」「障害児支援」「災害に備えて」など13項目のテーマに分けて、出産から中学生に至るまでの間に利用出来るサービスや手続きがカレンダー形式でわかりやすく掲載されています。また、市内の病院やクリニックの一覧表と併せて発熱やおう吐などの病気やケガのための対応マニュアルが項目として設けられています。在住外国人向けに英語、中国語、ベトナム語、ポルトガル語で相談先が表記されているのも特徴です。

この「あんしん子育て応援ガイド2023」は、母子健康手帳交付時や出生届の提出時に、福山市役所の各窓口や保育所など子育て関連施設で配布しているほか、市のWEBサイトでも公開しています[5]。

3）子育て支援のためのお金や関係機関や人材について

子育て支援のための国の機関としては、こども家庭庁があります[6]。こども家庭庁は、内閣府の外局で子どもに関するさまざまな政策を担当するために、2023（令和5）年4月に発足しました。主任の大臣である内閣総理大臣のほかこども家庭庁の所掌事務を掌理する内閣府特命担当大臣（こども政策担当）が置かれます。こども家庭庁にはこども家庭庁長官が置かれます。こども家庭庁設置の目的は、出産や育児、子どもの成長に関する支援を一元化し、充実させることにあります。

こども家庭庁には、全体を取りまとめ、データなどを整備する企画立案・総合調整部門、子どもの安全・安心な成長のための政策を立案する成育部門、困難を抱える子どもや家庭を支援する支援部門からなります。

成育部門は、妊娠・出産に関する支援から、就学前を含むすべての子どもの成長に携わります。例えば幼稚園・保育所・認定こども園の教育・保育内容の基準策定（幼稚園については文部科学省との共管）や、児童手当の支給などです。他に、児童館やこども食堂などの居場所作り、子どもの性的被害や事故の防止も管轄になります。

支援部門は、困難を抱える子どもや家庭の支援にあたる児童虐待やいじめの防止策をより強化し、ひとり親家庭や障害児などの支援も担います。

なお、小学校入学前の子どもの教育・保育施設に関しては、担当する組織が次のように一部変更されました。保育所（認可保育所）は、厚生労働省からこども家庭庁に、認定こども園、小規模保育施設などは、内閣府からこども家庭庁に管轄が変わりました。幼稚園については、文部科学省の管轄のままですが、こども家庭庁との連携が求められています。

さて、子育て支援の種類は、大きく分けて「お金」、「場所」、「人手」、「情報」の4つです。

まず、お金については、「手当」「給付金」「助成金」「補助金」などさまざまな名称があります。0歳から中学生までの子どもがいる家庭を対象に、生活や育児にかかる費用を支援する目的で、国から手当金が支給される「児童手当制度」や地方公共団体独自の「乳幼児の医療費助成」などさまざまな種類があります。子どもを授かる前の男女には「不妊治療費補助」などがあげられます。その他、お金の制度は、各自治体により異なります。「予防接種」や妊娠中の女性に「健康診断」を行うことも、費用負担という意味で経済的支援と言えます。

場所については、子育てをしている世帯に対しては「保育園」「児童館」「一時預かり」「コミュニティーセンター」などがあります。妊娠中の女性には「子育てサークル・サロン」「パパママ講習・講座」、子どもを授かる前の夫婦には「妊活セミナー」、夫婦になる前の男女には「婚活パーティー」「マッチング会」などがあげられます。婚活パーティーなどは、地域の人口を増やす目的で自治体主導により行う地域もあります。

人手については、子育てをしている世帯に対しては「子育て支援員・サポーターの派遣」などがあります。

情報については、前述したように「子育て支援アプリ」「子育て支援サイト」「子育て支援便り」の配信などがあげられます。

4）子育て支援を担当する関係機関との連携について

子育て支援において、関連機関や専門職との連携は非常に重要です。子どもや家庭をめぐる問題は貧困、孤立、親の介護、保護者自身の障害や疾病、子育てと仕事の両立、さらには虐待やドメスティックバイオレンス（DV）など複雑で多様化しており、早期発見や適切な対応が求められています。そこで具体的には、以下の機関と連携を図ることが必要です。

①　児童相談所：児童虐待防止や子育て支援を担当する機関です。
②　福祉事務所：福祉分野の機関で、子育てに関連する相談や支援も行います。
③　知的障害者更生相談所および身体障害者更生相談所：障害者支援に関する機関です。
④　発達障害者支援センター：発達障害に関する専門的な支援を提供します。
⑤　児童福祉施設：子どもの保護や支援を行う施設です。
⑥　里親：子どもの一時的な保護を担当する人々です。
⑦　児童委員：地域の子どもたちの権利利益を守る役割を果たします。
⑧　児童家庭支援センター：子育て支援を提供する拠点です。
⑨　女性相談支援センターおよび配偶者暴力相談支援センター：家庭内暴力等の相談や支援を行います。
⑩　社会福祉協議会：地域の福祉活動を推進する機関です。

さらに、上記の関係機関・専門職だけでなく、保健所、市町村保健センター、精神保健福祉センター、医療機関、学校、教育委員会、警察、法務局、民間団体、公共職業安定所など、人権擁護委員、児童福祉司、児童指導員、母子支援員、保育士、幼稚園教諭、公認心理師・臨床心理士など、さまざまな分野の機関・専門職とも連携を図り、ネットワークを構築することが必要です。2022（令和4）年6月の「児童福祉法」の改正では、子育て支援などを行う専門職である「こども家庭ソーシャルワーカー」の創設が決まりました。

また、各地域においては、地域協議会の設置や運営を通じて、地域全体で子ども・子育て支援を推進する取り組みも行われています。

参考文献

1）厚生労働省　令和５年（2023）人口動態統計月報年計（概数）の概況
gaikyouR5.pdf (mhlw.go.jp)（最終閲覧日　2024年6月20日）

2）厚生労働省　同上（最終閲覧日　2024年6月20日）

3）厚生労働省　同上（最終閲覧日　2024年6月20日）

4）厚生労働省　同上（最終閲覧日　2024年6月20日）

5）山陽新聞の記事では「福山ネウボラあんしん子育て応援ガイド2023年」を取り上げていますが、現在は「福山ネウボラあんしん子育て応援ガイド2024年」になっています。
筆者が確認したのは、2024年版です。
Adobe Photoshop PDF (city.fukuyama.hiroshima.jp)（最終閲覧日　2024年6月20日）

6）こども家庭庁ホームページ
こども家庭庁 (cfa.go.jp)（最終閲覧日　2024年6月20日）

（小出　享一）

第11章 子育て支援サービスの概要

記　事

一日一題

校長として

岡山市教育長　三宅　泰司

18年間勤務した岡山市教委を後にして２０１９年、市立芳泉小に校長として赴任し、3年間勤務しました。その間、私のモットーとするキーワードを子どもたちや先生方に伝えました。それは「スマイルアンドチャレンジ」です。

「スマイル」は何かに取り組むときや行事のときに笑顔で仲間と力を合わせていこうと、「チャレンジ」は困難なこともやってみようという気持ちを伝えたくて事あるごとに使っていました。長い話より、短いキーワードが心に残ると考えたからです。毎朝、子どもたちを校門で迎えるのは幸せな時でした。運動会、音楽発表会や修学旅行といった行事も子どもたちと同様、とてもいい思い出です。

ところが校長1年目の20年2月、全国一斉の臨時休校が突然発表されました。新型コロナウイルスの感染防止対策です。フェイクニュースかと思いましたが、本当でした。それからというもの初めての対応に苦慮し、子どもたちにも申し訳ないと思う日々でした。

校長室にはコロナ対策に関する判断を求め、教職員がひっきりなしにやって来るようになりました。私は組織の合議制にしようと校内の小さな単位の会議だった「感染症対策委員会」で対応を決めるようにしました。常々、長たる者が判断するには、情報が全てそろわないと判断できないと考えていました。対策委では校内の情報を共有するとともに、私が収集した市内大規模校の考えや対応を伝えました。ある程度、皆さんが納得できる方針が示せたのではなかったかと思いますが、今後、このような経験はしないでしょうね。

町内会長をはじめ、ＰＴＡの役員の方々、地域の各種団体の方々のご支援は本当にありがたかったです。さまざまな場面で助けていただき、今でも感謝の念に堪えません。校長一人でも駄目、学校だけでも駄目、地域全体で子どもたちを育てるべきだということを痛感しました。

２０２４・3・22

〈山陽新聞朝刊 2024年3月22日〉

1．考えてみましょう。

1）コミュニテイも人間と同じように年を取ります。街の顔は変化していきます。５年後、１０年後を見据えたときどのようなコミュニテイ（街）になるとよいと考えますか。（例共助が強い、高齢者と子どもの交流が活発、バリアフリー化、障害を持つ人にやさしい街　等）

2）コミュニケーションとツールの変化について調べてみましょう。

3）子育てに大切なことって何だと思いますか。あなたの視点で意見を述べましょう。

4）この記事を読んだ感想を書きましょう。

2. 解　説

1）どのようなコミュニテイ（街）になるとよいでしょうか

子育て支援の根底にあるのは、「私が家族と一緒に暮らしたい街」をつくることだろうと考えます。私が提言したいのは「魅力あるコミュニティ」づくりです。「大人が見本を見せる」ことからスタートするでしょう。すべての世代には役割があります。子どもは学び、大人は生き方の見本を見せ、生きることの素晴らしさを次世代に伝えなくてはいけません。そこには、日本人としての倫理観・道徳が必要と考えます。心に地盤があれば、コミュニテイが持つべき成長作用と自浄・浄化作用が強くなるからです。良い意味で「街のおせっかい屋」さんが増えると、楽しい共同体ができるはず。

地域により課題は変わります。街には、それぞれが抱える課題と事情があります。東京で役立つノウハウも岡山では通用しません。岡山県内でも、瀬戸内市・倉敷市・津山市など各自治体で課題は変わります。参考になるやり方を学びながら、「この街のために何かできないか」と行動する人が増えていくと、街に対する意識と行動が変わります。街の誇るべきところ、改善すべきところを探し、それらに対して何ができるのかを考えることがスタートです。「風の谷のナウシカ」という映画で描かれている「風の谷」が私の理想です。人類の最終戦争後、汚れた地球環境の中でも、王さまを頂点として平和に暮らす「風の谷」の人たち。風の谷の王さまジルは、自分のことより風の谷に暮らす人々のことを考えています。王女ナウシカも同じ意識ですが、さらに広い視野で物事をとらえています。そこには保身、私欲がありません。一方、民衆は王族に対する敬意を持ちお互いを支え合う意識と行動をしていきます。自分に関係のないことは、人は無関心でいることが少なくありません。私たちは同じ時代、同じ国に生きている。この「絆」を感じるから、例えば震災などの災害に対し、できることはないかと駆け付けるのです。自分のことのように感じれば、想いが行動になります。自分に与えられた役割、そこには義務もあれば奉仕もあるでしょう。その役割から逃げないで務めることで、ますます「絆」とコミュニティが強くなります。映画で、ナウシカは予言で伝えられている救世主の役割を果たします。もし、ナウシカが風の谷だけ幸せならいいや、自分だけが大丈夫ならいいやという意識で行動していたなら、救世主になっていたでしょうか？コミュニティの「絆」というのは、まずは自分と他人を認め、次に自分が為すべきことを考え、その役割を懸命にこなすことで醸成されていくものではないでしょうか。ジルの言葉、慕う漢（おとこ）たち、谷を守る人々、子供たちとナウシカとの信頼など、すべてに思いやりと暖かさを感じてしまう私です。たかが映画と言うことなかれ。すべての事から感じる心が未来を創るのです。

2）コミュニケーションとツールの変化について

情報端末の進歩と使う側が情報に流されてしまうと、人と人との対話やつながりが崩壊するかもしれません。地域の「絆」を守るためにはリアルな出会いが必要です。2006（平成18）年の「イディオクラシー」というアメリカの映画があります。軍に所属する主人公は読書せず、ジャンクフード好き、スポーツ好きで努力が苦手という平凡さに注目され、冷凍冬眠の実験台となります。500年後の2505年に目覚めたとき、あらゆる人々の知的水準が低下した世界を見ることになります。情報は垂れ流し、バラエティばかり、トイレつきのイスで生活する国民たち。主人公は26世紀では世界最高知能の持ち主になっていたのです。何も考えない情報化社会、少子化、知識を選別できない社会がどんなものになるか。風刺映画とはいえ、笑えないものがそこにはあります。

素敵なコミュニティを創るためには、自分がなすべき役割から逃げず、お互いの存在に感謝することです。若いあなたたちが、一生懸命に勉強することが、次の世代の「絆」を創ることになるのです。学びが「絆」を強くしていきます。

3）子育てに大切なことって何でしょうか

現実的に「子育てしやすい街」とはどんな街かを考えましょう。

（1）**待機児童が少ない**…職場に復帰しやすい環境があると安心して出産や育児ができます。保育所や認定こども園が整備され、待機児童が少ない自治体は、子育て世代には魅力的です。

（2）**公園や児童館が近くにある**…公園や児童館が近いと、子どもだけでなく、保護者同士のコミュニケーションも広がります。児童館は雨の日の遊び場としての活用、子育てサークルやイベントに参加できます。

（3）**子育て世帯が多い**…子育て世帯が多い地域は、交通・安全面からも、地域全体で子どもを守る意識が生まれます。助け合って子育てする意識が高まります。

（4）**ショッピングモールが近くにある**…食料品から日用品などが購入できるショッピングモールは、子連れでの買い物に便利です。

（5）**歩道の幅が広く、ベビーカーが押しやすい**…赤ちゃんを連れての移動はベビーカーを利用するのが便利です。ベビーカーを押しやすく、バリアフリーが整備されているエリアは、出かけるのに負担がありません。移動にストレスのない道路環境は、子育て世代にはポイントになります。

（6）**医療機関が充実している**…子どもがいるとお世話になることが多いのが医療機関です。もしものとき、医療機関が充実しているエリアは安心です。休診日が異なる小児科が2軒以上あると助かります。ケガや病気に備え、緊急事態にも対応している大きな病院があるかどうかも大事です。

以上のことに加え、体感治安の良さ、水道料金など生活費が安いこと、過ごしやすい気候、公共交通機関があることも地域の魅力となります。また、子育て支援制度から見る子育てしやすい街を考えると次のようなものが挙げられます。出産お祝い金がある、自治体が家事代行や育児ヘルパーの派遣サービスを行っている、おむつをはじめとする育児用品の割引券やクーポンを配布している、子どもの医療助成や学費補助が手厚い。もちろん支援体制は自治体により異なります。

参考文献

東洋経済『都市データバング』編集部による「住みよさランキング2022」

（山田　浩三）

第12章　子育て支援サービスの課題

記　事

児童手当予算 2兆円超必要

第2子以降上積みなら

政府試算　財源確保難航も

　岸田文雄首相が掲げた「異次元の少子化対策」の柱となる児童手当の拡充を巡り、第2子以降の支給額を増やした場合、新たに2兆～3兆円程度が必要となる可能性があることが分かった。政府は他にも所得制限の撤廃や、現行は中学生までとなっている支給対象年齢の拡大を検討しており、それぞれのケースで必要な予算規模の試算に着手した。複数の政府関係者が21日、明らかにした。（2面に関連記事）

　少子化対策の関係府省会議（座長・小倉将信こども政策担当相）で3月末に具体策のたたき台をまとめる。児童手当は現行でも予算規模が約2兆円に上る。政府は試算に基づき、今春の統一地方選後に財源確保策を本格検討する。

　首相は経済財政運営の指針「骨太方針」を策定する6月までに、子ども関連予算の将来的な倍増に向けた大枠を示すとしているが、国民の負担増につながりかねず議論は難航しそうだ。

　今月19日に開かれた関係府省会議の初会合では「児童手当を中心とした経済支援策の充実」「学童保育や一時預かり、産後ケアなどのサービス拡充」「子育てしやすい働き方改革」を主要議題とすることを確認した。

　このうち児童手当拡充は最大の焦点となる。

　現在の制度では、3歳未満の子ども1人につき月額1万5千円、3歳～小学生は1万円（第3子以降は1万5千円）、中学生は1万円が原則支給される。昨年10月からは夫婦どちらかが年収1200万円以上の場合は支給対象外となっている。

　政府関係者によると①多子世帯について、第2子以降の増額②支給対象年齢を高校生までに引き上げ③所得制限を撤廃し、全ての子どもを支給対象とする―などを検討。それぞれのケースで新たに必要となる予算の試算を始めた。

　①のケースでは、自民党内に第2子を3万円、第3子を6万円とする案などがあり、新たに2兆～3兆円が必要と試算。②では約4千億円、③では約1500億円が必要とみている。

　多子世帯への増額幅や、①～③をどう組み合わせるかによって予算規模は変わる。財源としては増税や公的保険料への上乗せ、企業の拠出金などが取り沙汰されている。

〈山陽新聞2023年1月22日〉

1．調べてみましょう。

1）「児童手当」の現状と課題について調べてみましょう。

2）「出産育児一時金制度」の現状と課題について調べてみましょう。

3)「こども誰でも通園制度」について調べてみましょう。

4) 2023（令和5）年に閣議決定された「こども未来戦略「加速化プラン」」について調べてみましょう。

5) 記事を読んだ感想を書いてみましょう。

2. 解　　説

1）児童手当の現状と課題について調べてみましょう。

児童手当は1972（昭和47）年に施行されました。対象は義務無教育修了前（開始当初は5歳未満）の第3子以降でした。手当額は1人月額3,000円、保護者等の所得により、給付されない場合もありました。その後、児童手当は拡充されましたが、2010（平成22）年に当時の民主党政権により、児童手当は子ども手当に改称され、中学校卒業までの子どもに一律1人13,000円が支給されました。また、保護者等の所得制限も撤廃されました。しかし、2012（平成24）年に自公政権では、子ども手当は児童手当に名称が再度変更となりました。保護者等の所得制限も課せられ、3歳未満15,000円、3歳から小学校修了まで10,000円（但し第3子以降15,000円）・中学生10,000円となりました。高所得者は月額5.000円に減額されました。さらに2022（令和4）年には、例えば勤め人のケースでは、夫婦のどちらかが目安として年収1.200万円を超えた場合は支給対象外となりました。岸田内閣は「こども未来戦略」において児童手当の拡充を検討しており、保護者等の所得制限を撤廃し、子どもの年齢も0歳～18歳（高校卒業まで）に拡充し、3人目以降は月額3万円を給付することを決めています。課題は財源確保で、約2～3兆円の予算が必要です。後で説明する「こども・子育て支援金」という制度で一部の財源を調達することを国は考えています。

2）「出産育児一時金」の現状と課題について調べてみましょう。

同「一時金」制度は、医療保険制度の現金給付の一つであり、正常分娩の場合、22週以上での出産かつ産科医療補償制度加入のケースでは1子につき50万円が支給されます。しかし、出産費用は全国平均では50万3,000円（厚生労働省調査2024年）、大都市部では70万円を超えていて、地域格差が大きいと言われています。この背景として正常分娩の費用はそれぞれの医療機関が決定している自由価格であることがあり、バラツキが生じています。いずれにしても同「一時金」50万円を超過すれば保護者等の追加負担になるので、国は2026（令和8）年に正常分娩を医療保険の対象とし、正常分娩の場合は実質的に自己負担を求めないことを検討しています。また医療保険の対象となると診療報酬が公定価格として一定の金額になるので、医療の質も担保できるというメリットを国は主張しています。ただ無痛分娩や個室での入院の場合はおそらく医療保険の適用にならないので、その部分は自己負担になるでしょう。差額ベッドや金歯と同様に基本部分は医療保険の対象となり、それを上回る部分は現在の保険外併用療養費（選定療養）のような仕組みになるのではないでしょうか。私たちは、これからの動向に注視しなければなりません。

3）「こども誰でも通園制度」について調べてみましょう。

保育所等は保護者等が仕事や介護等のために養育ができない場合利用できる児童福祉施設ですが、今回の「こども未来戦略」において対象を拡充しました。従来から保育所等に通えない保護者等の子どもに対して、保護者等のレスパイト（休息）等を目的に保育所や認定こども園で時間単位の利用できる制度があります。2024（令和6）年4月より、試行的事業がなされていて、2026（令和8）年に制度として全国で実施される予定です。課題は保育士の確保です。そのためには保育士の労働条件や給与等のさらなる改善が必要です。また、同「戦略」で講じられる内容を実施するための財源確保が十分になされるか予断を許さない状況です。

なお、2024（令和6）年4月から保育士の人員配置基準が見直され、4・5歳児は子ども30人に対し保育士1人であったものが25人に保育士1人に、また、3歳児は子ども20人に保育士1人であったものが15人に保育士1人になりました。2025（令和7）年度以降、1歳児も子ども6人に保育士1人から子ども5人に保育士1人になる予定です。

4）2023（令和5）年12月に閣議決定された「こども未来戦略加速化プラン」について調べてみましょう。

岸田内閣は2023（令和5）年1月に「異次元の少子化対策」を打ち上げました。その後、内閣官房の全世代型社会保障構築本部に「子ども未来戦略会議」が発足し、有識者等において議論が開始されました。この議論をもとに、同年6月「こども未来戦略方針」、また12月「こども未来戦略」を閣議決定し、2024（令和6）年度から2026（令和8）年度までの3か年に集中的に同「戦略」の実施に取り組むことになりました。「同戦略」の概要は、以下のとおりです。

① 児童手当の拡充
② 男性育休の促進
③ 出産育児一時金の拡充
④ こども誰でも通園制度
⑤ 放課後児童クラブの拡充
⑥ 高等教育費の負担軽減
⑦ 伴走型相談支援の強化
⑧ 子ども医療助成の拡充
⑨ ひとり親等の児童扶養手当の拡充

同「戦略」の費用は年間3.6兆円が必要とされています。このうち約1.0兆円を医療保険に上乗せして国民から徴収する「こども・子育て支援金」により、約1.1兆円は歳出改革によって得られる公費削減により、約1.0兆円は規定予算の最大限の活用により、財源確保を行うことになっています。

（松井　圭三）

執筆者紹介

（執筆順）

太田　知二　（おおた　ともじ）　第1章
　現　　職：山陽新聞社読者局教育サポートセンター 副主管

中　　典子　（なか　のりこ）　第2章
　現　　職：中国学園大学 子ども学部 子ども学科 教授

藤田　　了　（ふじた　りょう）　第3章
　現　　職：大阪国際大学 人間科学部 人間健康科学科 准教授

名定　慎也　（なさだ　しんや）　第4章
　現　　職：神戸女子大学 健康福祉学部 社会福祉学科 准教授

森田　裕之　（もりた　ひろゆき）　第5章
　現　　職：中国短期大学 総合生活学科 講師

今井　慶宗　（いまい　よしむね）　第6章
　現　　職：関西女子短期大学 保育学科 准教授

齊藤　佳子　（さいとう　よしこ）　第7章
　現　　職：中国学園大学 子ども学部 子ども学科 教授

篠原　照明　（しのはら　てるあき）　第8章
　現　　職：岡山市男女共同参画社会推進センター 館長

中野ひとみ　（なかの　ひとみ）　第9章
　現　　職：中国短期大学 総合生活学科 教授

小出　享一　（こいで　きょういち）　第10章
　現　　職：株式会社居場所 代表、京都女子大学 非常勤講師

山田　浩三　（やまだ　こうぞう）　第11章
　現　　職：セミナー講師

松井　圭三　（まつい　けいぞう）　第12章
　現　　職：中国短期大学 総合生活学科 教授

■編著者紹介

松井　圭三（まつい　けいぞう）

現職　中国短期大学 総合生活学科 教授
岡山大学 医学部 非常勤講師
兵庫大学 健康科学部 非常勤講師

主著

『21世紀の社会福祉政策論文集』（単著）ふくろう出版、2009
『NIE子ども家庭福祉演習』（編著）大学教育出版、2024
『NIE社会福祉演習』（編著）大学教育出版、2023
『社会福祉概論（第5版）』（共著）勁草書房、2021　その他著書多数

今井　慶宗（いまい　よしむね）

現職　関西女子短期大学 保育学科 准教授
関西福祉科学大学 社会福祉学部 非常勤講師

主著

『現代の障がい児保育』（共著）学文社、2016
『保育実践と家庭支援論』（編著）勁草書房、2016
『保育実践と社会的養護』（共著）勁草書房、2016

NIE 子ども家庭支援論演習

2024年 9月 10日　初版発行

編著者　松井　圭三
今井　慶宗

発　行　ふくろう出版
〒700−0035　岡山市北区高柳西町 1−23
友野印刷ビル
TEL：086−255−2181
FAX：086−255−6324
http://www.296.jp
e-mail：info@296.jp
振替　01310−8−95147

印刷・製本　友野印刷株式会社

ISBN978-4-86186-922-8　C3036　©2024

定価はカバーに表示してあります。乱丁・落丁はお取り替えいたします。